GILSON SENA

VENDA MAIS AGORA

Copyright© 2021 by Literare Books International
Todos os direitos desta edição são reservados à Literare Books International.

Presidente:
Maurício Sita

Vice-presidente:
Alessandra Ksenhuck

Diretora executiva:
Julyana Rosa

Diretora de projetos:
Gleide Santos

Edição:
Leo A. de Andrade

Capa, diagramação e projeto gráfico:
Gabriel Uchima

Revisão:
Ivani Rezende
Evelise Paulis

Relacionamento com o cliente:
Claudia Pires

Impressão:
Gráfica Paym

Dados Internacionais de Catalogação na Publicação (CIP)
(eDOC BRASIL, Belo Horizonte/MG)

S474v Sena, Gilson.
  Venda mais agora / Gilson Sena. – São Paulo, SP: Literare Books International, 2021.
  136 p. : 14 x 21 cm

  Inclui bibliografia
  ISBN 978-65-5922-215-5

  1. Sucesso nos negócios. 2. Vendas. I. Título.

  CDD 658.85

Elaborado por Maurício Amormino Júnior – CRB6/2422

Literare Books International.
Rua Antônio Augusto Covello, 472 – Vila Mariana – São Paulo, SP.
CEP 01550-060
Fone: +55 (0**11) 2659-0968
site: www.literarebooks.com.br
e-mail: literare@literarebooks.com.br

SUMÁRIO

AGRADECIMENTOS..7

DEDICATÓRIA 8

PREFÁCIO: VENDA MAIS AGORA...9

COMO NASCEM OS VENDEDORES..11

O PRIMEIRO SALÁRIO..14

VENDA PRODUTOS, SERVIÇOS OU IDEIAS...........................16

VOCÊ ESTÁ SEM DINHEIRO PORQUE QUER.........................18

COMO TRANSFORMAR SONHOS EM METAS.......................23

O BOM ATENDIMENTO FAZ TODA A DIFERENÇA.................32

DICAS PARA SE TORNAR UM VENDEDOR QUE ENCANTA ...37

MANTENDO-SE COMO ENCANTADOR DE CLIENTES...........38

CONSTRUA SUA IMAGEM PESSOAL E PROFISSIONAL.................41

IMPORTE-SE COM O CLIENTE 48

AFEIÇÃO E SIMILARIDADE
GERAM APROXIMAÇÃO E VENDAS......................................50

A IMPORTÂNCIA DE CONHECER NOVAS PESSOAS 52

EXERCÍCIO PARA DEFINIÇÃO DE QUALIDADES PESSOAIS 54

QUAL O PRODUTO QUE MAIS VENDE?..56

CONHEÇA O SEU PRODUTO 58

CLIENTE DESISTE DA COMPRA
POR FALHA DO VENDEDOR 60

CONHEÇA ALGUMAS DAS OBJEÇÕES
UTILIZADAS PELOS CLIENTES..64

DIFERENÇAS ENTRE HOMENS E MULHERES 67

ACREDITE QUE VOCÊ PODE VENDER MAIS 69

O VENDEDOR DEVE TER UMA MENTE
BLINDADA CONTRA INFLUÊNCIAS NEGATIVAS 75

SEIS MANEIRAS DE ADMINISTRAR O NÃO...................................77

NÃO BASTA SER PROFISSIONAL,
É NECESSÁRIO PARECER 79

LIGUE PARA OS CLIENTES PARA INFORMAR
QUE CHEGARAM PRODUTOS NOVOS..81

DESPERTE O DESEJO DO SEU CLIENTE......................................83

AGREGANDO VALOR AO PRODUTO...85

VENDA SOLUÇÕES E NÃO PRODUTOS..87

O PODER DA DEMONSTRAÇÃO DE PRODUTOS............................91

TÉCNICAS DE FECHAMENTO 93

LEI DO CONTRASTE 104

FRACIONE O VALOR...106

HISTÓRIA DO MELHOR VENDEDOR DO MUNDO 108

CONHECENDO O PERFIL COMPORTAMENTAL 113

DETERMINAÇÃO PARA SAIR E VENDER (LEI DAS MÉDIAS) 122

GATILHOS MENTAIS 125

COMPROMETA-SE COM O QUE FAZ 132

SUCESSO NAS VENDAS 133

REFERÊNCIAS 135

AGRADECIMENTOS

Antes de tudo, agradeço a Deus pela oportunidade de escrever este livro, e que seja inspirador para muitas pessoas.

Agradeço a todos que contribuíram para a concretização deste livro, especialmente a César Favero, Bernardete Klein, Marçal Tsukamoto, Aroldo Ricardo da Cruz Jr., Andréa Jorge Lima, Nelson Jorge, Neusa Salete Giroletta Ramos, Carminha Missio, Eraldo Oliveira, Simone Caires Oliveira, Deusmario Santos, Marcos Oliveira, Pedro Hersen, Eduardo Madureira, Manoel Farias, Zezília Martins, Ivânio, David Henrique de Oliveira e Edivaldo Sales Almeida – o Corujinha (*in memoriam*).

DEDICATÓRIA

Dedico este livro a minha esposa, Márcia, por estar sempre ao meu lado nos momentos bons e nos desafios que a vida me impõe. Aos meus filhos, Victor e Isadora, razões para lutar e sempre vencer obstáculos. A minha Mãe, Eurides, por ter ensinado sempre o caminho da honestidade e ter de certa forma me instigado à determinação para buscar o que a maioria das pessoas chama de impossível.

PREFÁCIO:
VENDA MAIS AGORA

É com muito prazer que prefacio este verdadeiro manual prático, direto e objetivo sobre vendas, de autoria de Gilson Sena.

A própria história de vida do Gilson já é um exemplo de garra, foco, dedicação e fé, como o leitor mesmo poderá comprovar. A partir de sua experiência pessoal, rica e desafiadora, Gilson constrói um conjunto de conselhos fundamentais para quem quer aprender e vencer no mundo, não só comercial, como profissional em geral, pois este livro fará com que o leitor reflita seriamente sobre as características essenciais de um vencedor.

Logo no início, o autor fala com absoluta propriedade sobre a importância e o valor do atendimento como base fundamental de qualquer negócio. Mostra como a empatia faz a diferença e mostra de forma objetiva como encantar e surpreender clientes. Com sua experiência prática e seu aguçado senso de observação, Gilson fala o que poucos livros têm a coragem de dizer sobre a aparência e higiene pessoal, o trajar e a linguagem correta que levarão ao sucesso. Esses conselhos, nem sempre bem-vistos, e menos ainda dados com a firmeza vista, neste livro são realmente essenciais e nada supérfluos para o sucesso pessoal e profissional de qualquer pessoa, mais ainda das que desejam crescer na área de vendas.

Há livros que são muito teóricos e pouco agregam a quem realmente deseja vencer. Este é diferente! Prático e direto, ele mostra o caminho claro quando afirma que: "a pior coisa que pode acontecer é quando um cliente entra em uma loja à procura de um produto e o encontra, mas ainda tem dúvidas sobre as características ou qualidades do produto, e o vendedor não tem pleno domínio para esclarecer as objeções. E a coisa ainda pode ficar pior quando o vendedor dá informações erradas por saber pouco ou nada sobre o determinado produto. Na dúvida, pergunte". Nada mais claro e direto que este conselho sobre a importância do conhecimento do produto, pois uma das grandes falhas dos vendedores é não estudar os produtos que vendem.

Nada parece escapar neste manual de sucesso. O leitor verificará que, a cada página e a cada capítulo, as lições se multiplicam de forma gostosa de ler, como uma conversa ao pé do fogo com dezenas de exemplos práticos que tornam ainda mais claros os conceitos.

Recomendo, pois, a atenta leitura deste livro. Ele é para ser lido com calma, fazendo anotações à margem, saboreando cada caso e parando para pensar no nosso comportamento e nas razões do sucesso que ele demonstra de forma muito lúcida.

Parabéns ao Gilson pelo bem que este livro com certeza fará a milhares de leitores e ao nosso Brasil, que precisa de pessoas bem formadas e informadas, éticas e com espírito de servir.

Luiz Marins
Inverno de 2017.

COMO NASCEM OS VENDEDORES

Quando decidi ser vendedor, ainda não tinha noção do sacrifício e do tamanho do desafio que me aguardavam. Na verdade, eu fui escolhido aos 15 anos de idade para essa profissão.

A história começou quando fui convidado para tocar teclado em uma banda de rock chamada Millenium, e sonhava que aquela pequena trupe de entusiastas do estilo musical se tornaria um dia a provedora de um *hit* de sucesso nacional. O sonho durou pouco mais de seis meses, quando a banda recebeu alguns convites para tocar axé em cidades vizinhas, estilo musical muito distante do que esperava produzir naquela época. Os outros integrantes discordaram do meu pensamento e seguiram outro caminho.

Um dos vocalistas da banda Millenium, Eduardo Madureira, começou a empreender aos 17 anos, e precisava de um vendedor de material gráfico. Foi assim que o acaso me transformou em um "vendedor". Só me esqueci de contar um detalhe importante nessa história: um dos meus grandes desafios a ser vencido era a timidez. Fui desses alunos que ficam no fundo da sala, escondido para não ser chamado à frente ou fazer leitura em voz alta. Precisava muito trabalhar e encarar esse desafio, sem dúvida, me ajudaria a vencer a timidez.

Este livro não é uma biografia, mas preciso contar um pouco da minha história para que entendam como nascem os vendedores.

Para vencer o medo, aos 15 anos, decidi fazer teatro com um dos professores mais renomados de Jacobina-BA, Manoel Farias. Já no início do curso, consegui melhorar meu desempenho no trabalho e as vendas melhoraram exponencialmente. Corrigi um grave erro, entrava sempre em lojas que estavam praticamente vazias, quando o mais correto seria entrar nas que tinham mais movimento de pessoas. A probabilidade de uma empresa que está sempre movimentada comprar algo é maior.

O teatro, sem dúvida, foi um divisor de águas em minha vida. Após três meses intensivos de ensaios, fiz uma apresentação para mais de 300 pessoas, em Camaçari-BA, na plateia 20 diretores de teatro estavam julgando as apresentações. Fui o mais criticado, mas o impacto e sofrimento da crítica duraram pouco tempo, pois o que queria mesmo já tinha conseguido: superar o medo de falar em público.

Os desafios de um vendedor são inúmeros, veremos alguns ao longo das próximas páginas.

Antes, preciso pular uma parte da história para chegar até o momento mais marcante de minha vida de vendedor, a decisão de mudar de cidade; para isso, precisava encontrar o lugar certo e as oportunidades adequadas.

Por coincidência, ou melhor, sincronicidade, Ivânio, um ex-gerente do Banco do Nordeste, que conheci quando trabalhei como arte-finalista em uma gráfica, fez-me um convite desafiador: viajar para vender capa de mesa personalizada. Traduzindo, capa de mesa de bar com a logomarca da empresa. Aceitei de imediato, pois sempre acreditei que as oportunidades não devem ser desperdiçadas, principalmente quando não se tem uma opção melhor ou mais viável.

Essa viagem, que atravessou seis estados, Bahia, Tocantins, Maranhão, Piauí, Pará e Pernambuco, fez-me conhecer cidades promissoras, e a que escolhi para morar foi Luís Eduardo Magalhães (LEM) – no Extremo-Oeste da Bahia. Com R$ 30,00 no bolso, decidi ficar, mesmo sem ter onde comer e local para dormir. Apesar dos 20 anos de idade, não era inconsequente, antes de tomar a decisão, procurei emprego e encontrei uma pessoa que acreditou em meu potencial. E faço questão hoje de citar seu nome, Arnaldo, gerente da gráfica Imagem, atual gráfica Corujinha; mais à frente, tive o apoio do proprietário, Edivaldo Sales Almeida (*in memoriam*), mais conhecido como Corujinha.

Trabalhei na gráfica por quatro meses. Caminhava 10 km por dia sob o sol de 35 °C e com uma pasta preta de aproximadamente 6 kg. Perdi 10 kg em um mês, não só por caminhar tanto, mas também porque não me alimentava à noite. As únicas refeições que tinha eram o café da manhã (metade de um pão e uma xícara de café), em uma pequena pousada que a gráfica gentilmente avalizou e, ao meio-dia, uma marmita; depois disso, nada mais.

Uma passagem de que sempre lembro em minhas palestras ou em conversas com pessoas que me pedem para que conte minha história é mais ou menos dessa forma: com o acréscimo do detalhe de um momento marcante do sexto dia em LEM, em que os R$ 30,00 tinham findado, restando apenas R$ 1,00. Na minha humilde inocência, avistei um carrinho de cachorro-quente durante o trajeto para o meu refúgio noturno, isso às 19h. Com a fome apertando, acreditei que a moeda era suficiente para comprar um *hot dog* e matar a fome por mais uma noite. Ao encarar o vendedor solitário, que me atendeu gentilmente até o momento em que percebeu que não tinha R$ 1,50, valor necessário para pagar por aquele lanche, foi preciso insistir muito até que aquele coração amolecesse e o bendito *dog* viesse parar em minhas mãos.

Conto essa história porque foi a que mais marcou em minha vida. Apesar de vir de uma família humilde, nunca havia passado uma noite sem comer. E aquele dia foi marcado, principalmente, porque imaginei como seriam os próximos até receber o meu primeiro salário.

O PRIMEIRO SALÁRIO

Em uma sexta-feira ensolarada do ano de 2013, eu estava aguardando ansiosamente para receber o meu primeiro salário na gráfica, mesmo sabendo que seriam descontados os valores da hospedagem na pousada e dos marmitex, acreditava que sobraria algo significativo que desse a possibilidade de sair da situação em que estava. Pois bem, recebi o saldo do salário de R$ 50,00. Sem saber o que fazer naquele momento, comecei a pensar em uma forma de mudar aquela realidade. Caminhar mais... vender mais... pensei em algo diferente. Decidi que era o momento de começar a empreender. Dobrei uma folha de ofício ao meio, desenhei no computador alguns espaços de propaganda utilizando o programa gráfico Corel Draw, e saí para realizar a venda no comércio, oferecendo uma tiragem de 1.500 exemplares daquele jornal, que inicialmente chamei de *Hora certa*.

Esbarrei no primeiro desafio. Não tinha o valor para realizar a impressão do jornal. E isso é comum que impeça a maioria das pessoas de realizarem seus objetivos. Na PNL – Programação Neurolinguística é chamado de crença limitante, coisa que a maioria das pessoas possui. Decidi então que aquilo não seria uma limitação, fui até a gráfica em que trabalhava e falei sobre o projeto e que gostaria de imprimir o jornal mensalmente e precisava de dez dias para pagar a impressão.

O jornal foi impresso, e já na primeira edição, consegui ter um lucro de aproximadamente R$ 800,00, valor superior ao que ganhava de salário na gráfica.

O jornal, que era uma folha de ofício dobrada ao meio, cresceu de mensal, passou a ser quinzenal, depois semanal e veio a se tornar o principal jornal da região, ganhador de diversos prêmios. Construí a sede do jornal e consolidei a sua existência com muita credibilidade em sua linha editorial, com ajuda de muitos jornalistas competentes, profissionais de diagramação e vendas, com que tive a honra de conviver durante 18 anos de existência do *Jornal Classe A*.

VENDA PRODUTOS, SERVIÇOS OU IDEIAS

Em 2003, após lançar a primeira edição do jornal, descobri que tudo era possível, mesmo sem ter o capital para iniciar, e que não podemos ficar esperando alguém dar chance, devemos criar as nossas próprias oportunidades.

Nesse mesmo ano, decidi montar uma escola de curso de informática, mesmo sem ter o capital inicial.

Como o próprio título já diz: nós podemos vender serviços, produtos ou ideias. Nesse momento, tive que vender uma ideia, um sonho, algo que acreditava muito que era possível de se concretizar. Foi então que um amigo de infância ligou de Salvador, capital da Bahia: conversa vai, conversa vem, comecei a falar sobre o crescimento da região Oeste da Bahia e a cidade promissora em que estava, que tudo que montasse nesse lugar daria resultado positivo. Foi então que ele perguntou o que gostaria de fazer.

Revelei que tinha um sonho de montar uma escola de informática, algo com que já havia trabalhado e que nessa cidade daria certo. Assim que terminei de falar a frase, ele disse que iria pedir demissão e encaminhar o valor para montar o negócio.

Com a rescisão, ele recebeu mais de R$ 1.500,00, o que deu para pagar a primeira parcela dos computadores, dos móveis e o primeiro aluguel.

Essa decisão foi muito arriscada e não recomendo que você, leitor, siga esse exemplo, a não ser que acredite muito que vai dar certo, mesmo assim, é um risco, levando em consideração que é extremamente importante ter um capital de giro e reserva de emergência, caso algo dê errado.

Tendo o valor inicial, surgiu um novo problema, não tínhamos professor para dar aula. Como já havia dito, não podemos deixar que as dificuldades e as limitações parem os nossos sonhos. Busquei nas escolas existentes na cidade um bom professor que estivesse disposto a entrar nessa empreitada conosco. O primeiro profissional com quem conversei aceitou logo de cara fazer parte desse empreendimento. Perguntei quanto ele ganhava para trabalhar naquela escola nos turnos da manhã, tarde e noite. "Ganho R$ 360,00", informou o professor. Então ofereci R$ 260,00 por mês, tendo que trabalhar a mesma carga horária. No primeiro momento ele não entendeu, até que falei que ele iria ganhar menos, mas seria meu sócio. No mesmo instante os olhos brilharam e ele disse de pronto: "vou pedir demissão e em 15 dias estarei com vocês para inaugurarmos a escola". E foi isso mesmo o que aconteceu. A escola foi um sucesso. No quarto mês de fundação, o sócio investidor saiu do negócio e pagamos três vezes o valor que ele investiu. Oito anos depois, eu vendi a escola para o professor de informática. Dois anos após a venda, fundei outra do mesmo segmento com um projeto muito maior, de transformar em franquias e vender para todo o Brasil.

VOCÊ ESTÁ SEM DINHEIRO PORQUE QUER

Quando as pessoas escutam essa frase, a primeira reação é surpresa, raiva, discordância.

Veja as principais colocações das pessoas que escutam essa frase:

- *Como assim, eu estou sem dinheiro porque quero? Eu não quero estar sem dinheiro;*
- *Eu não tenho oportunidade, por isso estou sem dinheiro;*
- *Eu não consigo um trabalho;*
- *Distribuí currículos na cidade inteira, e até agora nada;*
- *O país está em crise, por isso não consigo dinheiro.*

Desculpas e mais desculpas... essa é a tentativa de encontrar culpado para sua própria incompetência de ação. Não adianta culpar governo, culpar crise, culpar donos de empresas que não o chamam para trabalhar (dão oportunidade), porque nem você está se dando a oportunidade.

O que eu quero dizer com se dar a oportunidade?

É fazer algo que possa gerar dinheiro para você.

Vou lhe contar uma história para ilustrar muito bem tudo isso.

Há alguns anos fiz um curso, junto com 22 pessoas. No

final do primeiro dia de aula, o facilitador pediu para que todos, no dia seguinte, trouxessem algo para vender, que montassem sua empresa. O curso acontecia em um hotel, das 8h às 12h, das 14h às 18h, de segunda a sábado, e tinha dois dias em que ia até meia-noite. Os alunos não tinham tempo para tocar aquela empresa que eles teriam que montar. Esse era o desafio, fazer o negócio acontecer e dar resultado, mesmo tendo pouco tempo para isso.

O que você acha que aconteceu? Quando chegou ao sábado às 18h, no final do curso, todos os alunos apresentaram resultados? Ou só alguns?

Sim. Todos apresentaram resultados positivos, exceto um aluno, que desistiu no terceiro dia.

Quais foram esses resultados? É o que eu vou apresentar para você agora.

Vou falar apenas de três alunos, para não ficar muito longo esse exemplo prático de como conseguir dinheiro.

Exemplo 1:

O aluno fabricou bolo e nos cinco dias conseguiu vender o que lhe rendeu R$ 1.300,00 líquidos. Lembrando que esse aluno estava imerso em um curso e só tinha tempo para tocar o negócio das 12h às 14h e das 18h a 0h. Se ele continuasse fazendo bolo e vendendo, mesmo sem tempo, durante um mês (quatro semanas), ele teria o equivalente a R$ 5.200,00. Há pessoas, nesse momento, que estão lendo este texto, que estariam dispostas a ganhar um salário mínimo. E eu continuo lhe afirmando que uma pessoa sem tempo pode ganhar R$ 5.200,00 por mês.

Exemplo 2:

O outro aluno fabricou brigadeiro e conseguiu ganhar R$ 800,00 líquidos que, multiplicados por quatro semanas, dão o valor de R$ 3.200,00.

Exemplo 3:
Esse aluno vendeu algo ainda mais simples, que tenho certeza que você, caro leitor, também sabe fazer. Ele fez pipoca e conseguiu ganhar líquido o valor de R$ 700,00 em cinco dias, sem ter tempo. Se multiplicado por quatro semanas, somaria o montante de R$ 2.800,00 por mês.

Você deve estar se perguntando:
— Foi assim tão fácil: fez pipoca e foi para rua vender?
Ou deve estar dizendo: "Eu não vou para rua vender produto algum". E quem foi que disse que você precisar ir para rua vender? Essa é outra história que contarei no final. Voltando à venda das pipocas e às dificuldades encontradas pelo aluno, nesse terceiro exemplo.

Claro que não foi tão fácil assim, ele teve seus erros e seus acertos, acontece que as pessoas querem acertar de primeira, e no primeiro erro já desistem. Sempre digo: as pessoas que tiveram sucesso foram, sem dúvida nenhuma, muito persistentes.

O aluno desse exemplo fez a pipoca de forma normal como você faz em sua casa, colocou sal, embalou em um saco plástico e amarrou, em seguida começou a buscar seus clientes na rua, de forma aleatória... não conseguiu vender nesse primeiro momento.

No segundo dia, buscou inovar, criou uma logomarca para sua empresa de pipoca, fez um adesivo e colou no saquinho plástico, também fez um adesivo e colou na sua camisa, para parecer ainda mais sério e profissional o que estava fazendo. As vendas melhoraram, mais ainda não era o suficiente, ele precisava inovar mais. Caramelizou as pipocas, para que ficassem coloridas e chamativas para as crianças e foi vender na porta das escolas.

As vendas melhoraram, mas ainda não tinha atingido o objetivo que esperava.

A última inovação foi mais bem elaborada e chamou ainda mais a atenção das crianças. Com o valor que já tinha ganhado, o aluno comprou uma roupa de palhaço e foi para a porta das escolas vender na saída da aula, e à noite, na porta dos restaurantes. Com esse incremento, ele conseguiu o valor já citado.

Eu sei que você deve estar pensando:

— Eles tinham dinheiro para começar, eu não tenho.

Por isso vou contar mais algumas histórias para ilustrar bem isso.

Já vi vários alunos pegando ingredientes emprestados com vizinhos e fazendo bolo, e conseguindo ter um bom resultado, chegando a faturar R$ 3.000,00 por mês. O começo foi emprestado, depois foi reinvestido o valor até obter esse retorno citado.

Eu mesmo posso citar meu exemplo. 2017 foi o pior ano da minha vida, tanto pessoal como profissional. Havia feito um investimento errado e tive que tirar dinheiro de outras empresas para salvar a que estava afundando, até no cheque especial tive que entrar, pagando 12% de juros ao mês. Nesse período, estava abastecendo meu carro com moedas.

Coloquei em prática o que aprendi no curso sobre transformar sonhos em metas. Queria ser um palestrante, levando em consideração que já tinha bastante experiência em vendas e conhecia os principais palestrantes e autores dos principais livros da atualidade. Só que tinha uma crença limitante, acreditava que só seria possível ser palestrante de sucesso depois que conseguisse publicar um livro. Isso não é verdade, só vim descobrir tempo depois que o livro pode ajudar a construir a autoridade, mas não é determinante.

Há mais de dois anos estava tentando concluir o livro e sem sucesso. Utilizei uma das estratégias para transformar sonhos em metas, que é estabelecer uma data para realização. Coloquei a data do meu aniversário, 30 de julho, daquele ano. Alguns dias antes da data, o livro estava pronto para ser enviado para a editora, só tinha um detalhe importante que havia esquecido, eu não tinha dinheiro para imprimir o livro.

Você vai sempre se deparar com essas situações na vida, e não deixe que elas o limitem a continuar. Busquei uma solução e encontrei: conseguir patrocinadores para arcar com a impressão e o lançamento do livro.

Livro impresso, agora sim, poderia me tornar palestrante. Ainda não. Tinha outra crença limitante para superar. Acreditava que as pessoas da minha cidade não iriam me valorizar e talvez não pagassem para me assistir palestrar. Nesse momento, decidir fazer eventos em cidades menores para ganhar experiência, segurança e construir um *site* com fotos dos eventos para gerar mais credibilidade.

Fiz o primeiro evento em um distrito chamado Roda Velha. Cheguei na segunda-feira, e na quinta-feira o evento aconteceu para 60 pessoas; cada uma pagou o valor de R$ 60,00 que, se multiplicado, somaria R$ 3.600,00; tirando os R$ 1.000,00 de despesas, sobrou o valor de R$ 2.400,00 em apenas quatro dias de trabalho. Decidi seguir para a próxima cidade, foram 90 pessoas no total; na cidade seguinte, 130, e assim sucessivamente. Sucesso total.

Esses exemplos são para deixar claro que não podem existir desculpas, você é quem cria a sua oportunidade. Não fique esperando ninguém lhe dar a mão, vá lá e faça. Sucesso em vendas e empreendedorismo.

COMO TRANSFORMAR
SONHOS EM METAS

Quando pergunto sobre o sonho, a resposta é parecida: quero ter uma casa, um carro, uma vida confortável, estabilidade financeira, entre outras colocações. Quando pergunto sobre a meta e se possuem meta, poucas pessoas respondem e, quando respondem, são apenas sonhos, desejos, ainda não sabem como transformar seus sonhos em metas.

Fique tranquilo! Neste capítulo, falaremos mais sobre esse assunto.

Tudo o que existe no mundo, exceto as coisas da natureza, foi criado a partir da mente de alguém: a cadeira que você está sentado agora, este livro que você está segurando ou o computador, *tablet*, celular, que você está utilizando para ler o livro. Simples assim. A pessoa imaginou em sua mente criativa, colocou no papel e começou a pensar como manifestar no universo por meio de estabelecimento de metas, planos e ideias.

Sem dúvida, essa é a principal diferença entre um vendedor campeão e um vendedor mediano. Nesse momento falamos sobre comportamento de pessoa, de vendedor profissional. Preste muita atenção e sua vida, sem dúvida, mudará ainda mais ao final dos próximos parágrafos.

Vamos falar sobre o método chamado SMART, para atingir suas metas pessoais e em vendas. Parece simples, mas é necessário planejamento e seguir à risca o que foi determinado por Peter Drucker.

A partir desse método, você terá como ajudar sua equipe a ter mais sucesso. Veremos primeiro o significado da palavra SMART.

- *Specific* (Específico);
- *Mensurable* (Mensurável);
- *Attainable* (Atingível);
- *Relevant* (Realista e Relevante);
- *Time Based* (Prazo/data).

Agora que já sabemos a tradução da sigla, vamos ao passo a passo de como obter mais resultado utilizando esse método.

Specific (Específico)

O grande erro cometido pela maioria das pessoas é não ser específica em sua formulação de metas, formula algo genérico, como: quero uma casa, um carro e outras coisas não específicas. Sendo mais claro nessa colocação, posso afirmar que o cérebro precisa entender detalhes sobre o que você quer. Um exemplo de uma boa formulação específica seria: eu quero um carro modelo X 2.0, cor vermelha, direção hidráulica, quatro portas, com freio ABS, ano xxxx, roda de liga leve, ar-condicionado, banco de couro e teto solar. Claro que existem outras especificações, mas para que exista uma boa estrutura mental e possa ser reconhecida claramente a meta, acrescente mais detalhes, visualize a imagem do que quer em seu cérebro.

Quando você diz apenas que quer um carro, o cérebro não consegue entender que carro é esse e vai entregar qualquer coisa. Um carro velho caindo aos pedaços, um modelo qualquer, enferrujado e sem valor de mercado. Enfim, deixar claro o que você quer vai fazer literalmente o universo conspirar a seu favor.

Mensurable (Mensurável)

É necessário mensurar a sua meta, ter uma forma de medir. Caso não tenha como medir, não tem como saber que chegou ao local que deseja. Por exemplo:

- Esse produto que desejo tem um custo total de R$ 100.000,00;
- Aumentar as vendas em 30%.

Attainable (Atingível)

Também é necessário saber se esses números são adequados a você ou a sua empresa. Por exemplo: se a loja já está em sua capacidade máxima de vendas ou não tem poder de adquirir mais produtos, isso será impossível de atingir, já que não tem capacidade de comprar ou estocar.

Relevant (Realista e relevante)

Tão importante como ser específico, mensurável e atingível, é ser realista e relevante. Se não for de relevância, tendo uma importância para a pessoa ou para empresa, perderá o sentido e não terá tanto esforço da parte da equipe ou da pessoa.

Tem que ser realista, não pode ser algo tão grande que as pessoas não acreditem que é possível. Nas próximas linhas, finalizarei com uma explicação ainda mais clara sobre tudo o que estamos falando.

Time Based (Prazo/data)

Essa é a parte fundamental, em que tudo começa, o princípio de tudo. Estabelecer quando você vai realizar a sua meta. Considero esse o principal fator, porque estabelece o início. A trajetória cronológica até a realização da meta é algo que muda tudo em relação a alcançar ou não alcançar.

Para ajudá-lo a formular suas metas, seguem perguntas:

O que você quer?
_____
_____

Descreva o que quer com riqueza de detalhes:
_____
_____
_____

Onde você está hoje?
_____
_____

Qual a distância para chegar até a meta?
_____
_____

O que impede você de alcançar sua meta?
_____
_____

Quanto vai custar para conseguir?
_____
_____

É possível conseguir?
_____
_____

De que forma?
_____
_____

Qual a importância para você ou para empresa de atingir essa meta?
_____
_____

Qual a previsão de realizar?
_____
_____

Fracione o tempo em meses, caso seja uma meta a longo prazo, dividindo o valor total da meta pela quantidade de meses. Descreva mês a mês o que vai fazer até o ponto de chegada.

Mês 1:
_____
_____

Mês 2:
_____
_____

Mês 3:
_____
_____

Mês 4:
_____
_____

Mês 5:
_____
_____

Mês 6:
_____
_____

Mês 7:
_____
_____

Mês 8:
_____
_____

Mês 9:
_____
_____

Mês 10:
_____
_____

Mês 11:
_____
_____

Mês 12:
_____
_____

Ano 2:
_____
_____
_____
_____

Ano 3:
_____
_____
_____
_____

Ano 4:
_____
_____
_____
_____

Ano 5:
_____
_____
_____
_____

Ano 6:
_____
_____
_____
_____

Ano 7:
_____
_____
_____
_____

Ano 8:
_____
_____
_____
_____

Ano 9:

_____
_____
_____
_____

Ano 10:

_____
_____
_____
_____

É muito importante detalhar a estratégia mês a mês, ano a ano. Relatando passo a passo como e quanto será atingido.

Na Universidade de Yale, nos Estados Unidos, pesquisadores e cientistas fizeram um teste para comprovar a importância de se ter uma meta bem definida. Eles reuniram 100 estudantes em uma sala e perguntaram o que queriam fazer em dez anos. Alguns estudantes comentaram o que queriam fazer, outros não tinham planos ou não sabiam, só 3% dos estudantes sabiam e o tinham por escrito. Dez anos depois, os médicos e pesquisadores reuniram os mesmos estudantes novamente para verificar o que havia acontecido. Eles descobriram que os 3% dos estudantes valiam, financeiramente, mais do que os outros 97% juntos.

Eles imaginaram que fosse o QI elevado. Então fizeram os testes, eram todos medianos. Imaginaram que fossem de família abastada. Verificaram e eram todos de classe média. Ficou provado que a única diferença que fez a diferença foi realmente por terem a história da vida por escrito.

Lembrando que o importante não é só escrever, é seguir, ajustar quando necessário. Esse livro da sua vida deve servir como um guia, como um barco a velejar, que pode ser acelerado ou desacelerado, de acordo com o soprar do vento em suas velas. É preciso acompanhar as marés, as ventanias, preparar-se para persistir até alcançar o tão almejado horizonte de glórias, que trará a sensação de dever cumprido. Ao chegar, saiba que não é o final. Busque sempre mais. Siga o seu propósito.

O BOM ATENDIMENTO
FAZ TODA A DIFERENÇA

Muitas empresas investem grandes somas em dinheiro em agências de publicidade para criar campanhas fantásticas que levem uma multidão até a sua empresa para conhecer produto ou serviço, mas se esquecem de investir no principal: o atendimento.

De nada adianta levar clientes a sua empresa que poderão até comprar, mas provavelmente não voltarão porque não foram bem atendidos ou o vendedor não soube falar sobre o produto ou serviço. Por mais que seja assustador, há estudos que afirmam que até 80% dos clientes deixam de comprar por terem sido mal atendidos ou porque o vendedor não soube dar informações suficientes que os convencessem a adquirir determinado produto.

Tratamento
Podemos até não conseguir suprir todas as necessidades do cliente, mas, independentemente da compra naquele momento, devemos sempre ser simpáticos e conquistar a simpatia do cliente, pois em outra oportunidade ele voltará para comprar outro produto e procurará você, que fez um bom atendimento.

Tratar bem é, antes de tudo, uma obrigação e não diferencial. Cada pessoa almeja ser tratada de maneira única, e o vendedor deve identificar a melhor forma de atender cada cliente.

Atender é uma arte, e você já deve saber disso, mesmo que seja iniciante ou tenha vários anos de experiência, o que talvez ainda não tenha se dado conta é que cada cliente é único, e dessa forma deve ser tratado. Sempre gosto de dizer a seguinte frase em minhas palestras, falando sobre PNL – Programação Neurolinguística: "o cérebro é como um computador, ele recebe as informações pelos cinco sentidos: visão, audição, olfato, tato e paladar". Você nasce com o cérebro zerado, apenas com o instinto da amamentação. No início são introduzidos os primeiros estímulos, que são armazenados no cérebro e muitos outros ao longo da vida, pelos pais, parentes, professores, padres, pastores e tantos outros, além das palestras, treinamentos, séries, filmes, novelas, viagens, experiências corriqueiras e diferenciadas que, ao longo do tempo, criam mapas mentais.

Cada pessoa vivencia uma experiência como única, por isso é importante que você a trate como tal. Não trate a pessoa como você gostaria de ser tratado, e sim como ela gostaria de ser tratada.

Ao olhar um objeto e dizer que ele é bonito, você corre o risco de perder a confiança do seu possível cliente, justamente por ser único e pensar de forma diferente, ele pode estar olhando essa mesma peça e imaginando: "que coisa horrível, esse vendedor quer me convencer de que é bonito".

Perceba quais as peças de que ele mais gostou e faça perguntas inteligentes para tentar descobrir ainda mais, observe as roupas que ele está usando. Tem pessoas que gostam de camisas de listras, e não há problema nisso; outras, de bolinhas; tem aquelas que gostam de camisas lisas ou de roupa de cores fortes e chamativas, com estampas infantis.

Certa vez um amigo decidiu abrir a própria loja de roupas e acessórios, só que o negócio não prosperava. Os clientes não entravam na loja para comprar. Ele decidiu que precisava de ajuda, foi então que me fez o convite para ser seu consultor.

Não tenho experiência com moda, mas entendo de pessoas. Ao chegar à loja, descobri o motivo de os clientes não entrarem. As roupas que estavam na vitrine eram iguais às roupas que o dono da loja utilizava. Pedi para que trocasse as roupas da vitrine.

Ao trocar, percebi que continuavam no mesmo estilo que ele usava e que comprava roupa para ele e não para os clientes. Não acompanhava tendências e esse era o motivo do seu fracasso.

A única coisa a ser feita naquele momento foi fazer uma queima geral de 70% e solicitar a consultores de tendências para ajudar a comprar as roupas para a loja. A partir disso, a loja começou a ter movimento e foi um sucesso. Lembre-se de que você tem que vender para o cliente o que ele gosta e precisa, para que ele fique feliz com a escolha. Tem que ser bom para você e para ele.

O ambiente pode influenciar negativamente no atendimento. É o caso de barulho, falta de limpeza e organização. Certa vez entrei em uma loja procurando uma camisa social tamanho 3. A vendedora atendeu sorridente e muito disposta. Após falar o que buscava, ela subiu em uma escada e começou a buscar pela camisa solicitada no amontoado de caixas na lateral direita da loja. Após cinco minutos, decidi ajudar. Observei desorganização na arrumação das caixas, simplesmente porque estavam fora da sequência lógica. Avistei uma caixa número 3 – manga longa – da marca que estava interessado em comprar e avisei para a vendedora.

— Olha aqui, uma camisa número 3.

Ela olhou sorrindo amistosamente e disse:

— Abre para o senhor ver, não é 3.

Abri a caixa e confirmei a informação da atendente, era tamanho 2.

Alguns minutos depois, avistei uma nova caixa tamanho 3. Antes de avisar para a vendedora, eu mesmo abri a caixa e constatei que não era o tamanho que buscava. Resolvi indagar à vendedora.

— Por que vocês não colocam nas caixas certas? Facilitaria encontrar.

A vendedora informou:

— Quando cheguei aqui já era assim. Já tentei diversas vezes pedir para organizar, mas quando termina o dia, as vendedoras saem tão rápido que não observam se o tamanho que está na caixa corresponde com o da camisa.

Passaram-se aproximadamente 15 minutos e a vendedora não encontrou. Despedi-me e fui buscar em outra loja, com organização mínima para encontrar o que procurava.

Você deve estar pensando: tem algo pior que desorganização? Afirmo que sim, e muito preocupante. Refiro-me aos problemas ocasionados pela postura do vendedor: preconceitos e atitudes pouco amistosas em relação ao cliente. Temos que nos colocar no lugar do cliente, muitas vezes somos julgados por características físicas, roupas ou até mesmo a forma como falamos.

Certa vez, aos 17 anos, comecei a trabalhar em uma loja de roupas e calçados. Já no primeiro dia de trabalho, aconteceu algo inusitado: entrou uma pessoa suja de cimento na loja. Ele estava de calça, camisa de manga longa e botas, típico de um trabalhador da construção civil. Os vendedores estavam todos no fundo da loja. Logo que avistaram o cliente, um solicitou que o outro atendesse, até que chegou minha vez. Fui fazer o atendimento, muito empolgado e ao mesmo tempo apreensivo, por ser um dos primeiros clientes que atenderia naquele ramo de atividade, pouco conhecia de roupas e calçados. Atendi muito bem e o cliente selecionou muitas peças de roupas. Ao final do atendimento, perguntei se o pagamento seria à vista ou parcelado. Ele respondeu que pagaria à vista, colocou a mão no bolso direito e sacou uma quantidade significativa de notas, que somavam o valor da compra R$ 2.172, o que naquela época era muito dinheiro. E o mais importante: toda vez que o cliente pagava em dinheiro, ganhávamos mais comissão.

Alguns dias depois, entrou outro cliente sujo de cimento na loja, e você já pode imaginar o que aconteceu, todos correram para atender o cliente. Naquela ocasião, a venda não aconteceu, mas a lição ficou bem clara na mente de todos, devemos atender todos bem, independentemente se estão de sandália, sapatos, de moto ou de carro, se a roupa está limpa ou suja, não importa, trate todos com educação e com atenção.

Você também já deve ter sido maltratado quando foi a uma loja e estava de sandália, bermuda e camiseta em um dia de folga do trabalho. Como você se sentiu?

Muitas vezes, o inverso é verdadeiro. O cliente é arrogante, preconceituoso e chato, mas o vendedor deve sempre manter a calma e fazer um atendimento profissional, sem se alterar ou reagir a possíveis agressões.

Faça uma reflexão sobre o que a maioria pensa: "Clientes não precisam ser agradáveis, mas os funcionários sim. Afinal esse é o seu negócio. É para atender bem que eles são pagos".

Isso lembra que você, vendedor, também é cliente da sua loja e de outras lojas. Como tem agido quando está do outro lado do balcão? Pense nisso.

DICAS PARA SE TORNAR UM VENDEDOR QUE ENCANTA

Antes de tudo, para encantar, chame o seu cliente pelo nome. O nome é como um mantra. As pessoas gostam de ouvir os seus nomes. Muitas vezes conversamos por horas com alguém e, ao nos despedirmos, não sabemos nem o seu primeiro nome.

Para gravar o nome do cliente, basta usar a técnica da repetição durante o diálogo, sempre o pronunciando antes de cada frase ou pergunta. Outra técnica muito utilizada, e que ajuda a lembrar, é a associação. Associe o nome da pessoa a qual acabou de conhecer com a de algum amigo, parente ou até mesmo um ator ou cantor famoso, pois, assim, o cérebro tende a lembrar com mais facilidade.

Sempre que solicitado, dê as informações de que o cliente precisa, de forma correta e no momento certo, além de inteirar-se, sempre que possível, de suas expectativas. Informando precisamente, você conquistará a confiança e, principalmente, a satisfação.

É importante dar atenção às palavras do cliente, escutando-o e levando em consideração todas as suas solicitações. Dessa forma, estará provando que ele é, sem dúvida, a pessoa mais importante para a sua empresa.

O vendedor é um solucionador de problemas. Quando um cliente o procura, é porque precisa de uma solução, e o seu produto pode ser o que ele está buscando. Se conseguir resolver com eficiência e agilidade as solicitações, conquistará cada vez mais a confiança e credibilidade em relação ao seu trabalho. Dessa forma, você estará assegurando, também, a satisfação do cliente e o seu retorno.

MANTENDO-SE COMO ENCANTADOR DE CLIENTES

Parece óbvio o que vamos tratar agora, mas perceba que muitas pessoas não seguem essa rotina. Comece a observar a partir de hoje os vendedores de algumas lojas. Observe os seus colegas de trabalho. Não é para criticar. O que quero alertar é para os detalhes que realmente fazem a diferença.

O básico é a higiene pessoal: tomar banho, lavar os cabelos, fazer a barba no mínimo de dois em dois dias, escovar os dentes sempre que se alimentar (nada mais desagradável do que conversar com alguém com um pedaço de folha de alface entre os dentes, ou pior, com mau hálito). Aparência é o que mais nosso cliente observa, portanto, mantenha seu local de trabalho limpo e organizado, e isso serve também para o seu uniforme.

Gostar do que faz, acordar pela manhã animado porque vai trabalhar. Achou estranho? Tem muitas pessoas que dormem já planejando o que vão fazer no dia seguinte; por outro lado, há aqueles que têm pesadelos imaginando que terão que acordar para ir ao emprego. A pessoa que faz o que gosta tem mais rendimento e tende a se tornar líder dentro da empresa, além de ter uma remuneração diferenciada.

Faça o que gosta e nunca mais terá que trabalhar. Um exemplo disso é alguém que gosta de jogar tênis e decide se tornar professor de tênis. Ele nunca mais terá que trabalhar, pois faz o seu *hobby* em tempo integral. Um professor de xadrez, um palestrante e outros profissionais que fazem e ensinam o que gostam.

Descubra o que gosta e transforme em profissão, e uma mágica acontecerá em sua vida.

É preciso ter responsabilidade. Chegar no horário combinado. Caso aconteça um imprevisto, ligue avisando, não deixe as pessoas esperando. Aja com humildade. Respeite o próximo. Trate-o da melhor forma possível, respeitando as diferenças de cada um.

Dê mais aos clientes do que eles esperam e faça com alegria e disposição. Faça mais do que você é pago para fazer; com o tempo, receberá mais do que tem para receber.

Ao falar com clientes e colegas, olhe nos olhos, mostre que você está sendo sincero, com isso conquistará a confiança e o respeito de todos.

Ao apertar a mão de alguém, aperte com firmeza. Ele precisa sentir confiança. Você já deve ter apertado a mão de alguém que tem mão mole, aperta com as pontas dos dedos, parecendo ter nojo. Essas pessoas não transmitem confiança.

Oitenta por cento dos negócios são perdidos no aperto de mão. Revelarei um grande segredo que fará a diferença. Quando um cliente só segurar sua mão, só segure a mão dele; caso ele aperte, aperte também; se ele apertar com força, também aperte com força. Isso gerará o que chamamos na PNL de *RAPPORT* (Sintonia) e ele gostará de você no primeiro momento, porque o subconsciente perceberá que é parecido como ele. Isso já é meio caminho andado para a venda acontecer.

Evite palavrões. Fale sempre devagar, mas pense com rapidez.

Utilizar frases contendo a palavra "não" só traz negatividade, por isso evite frases como: "não pode", "está errado", "não aceitamos". Isso evita criar um clima hostil e negativo.

Perante os clientes, você é a imagem da empresa. Portanto apresente-se, mostre interesse, seja educado, sorria. Um simples sorriso desperta no cliente uma sensação de boa recepção e, muitas vezes, ele devolve com outro sorriso. Faça um elogio sincero, isso ajuda a ganhar a simpatia.

A maioria das pessoas não consegue sorrir no atendimento, e isso não é difícil de perceber. Assim que tiver a oportunidade, faça um teste, entre em cinco lojas da sua cidade e veja quantos vendedores o abordarão sorrindo. Arrisco a dizer que, a cada cinco, apenas um fará isso. Quando acontecer esse momento raro, faça questão de elogiar o vendedor, para que ele continue com essa atitude e também vá até o gerente e diga da excelente experiência que teve ao adentrar a loja.

Quando vou a cidades realizar treinamentos, faço questão de visitar o comércio, para ver como está a qualidade do atendimento. Raras são as vezes em que encontro um atendimento de excelência. Lembro-me de um jovem chamado Paulo que, quando me viu entrar na loja, foi em minha direção, estendeu a mão, apertou com a intensidade correta, perguntou meu nome e, após eu informar que gostaria de falar com o gerente, acompanhou-me até a sala do chefe, fez a apresentação e, em seguida, voltou para o seu posto. Parece simples. Mas em todos os anos de vivência como palestrante, poucas foram as vezes em que testemunhei isso. O que geralmente acontece é a mesma coisa que ocorre quando um cliente comparece para pagar um carnê na loja. O vendedor, mesmo atendendo no primeiro momento sorridente e entusiasmado, após descobrir que será para pagamento, aponta o caixa e vira as costas, cometendo um grave erro. Poderia acompanhar como fez o jovem Paulo da história anterior e, tendo a possibilidade de o cliente estar pagando a última parcela do carnê, sem dúvida, o procuraria para fazer novas compras. Imagine a quantidade de venda que está sendo desperdiçada país afora. Espero que você, que lê estas páginas, mude a atitude a partir de agora.

CONSTRUA SUA IMAGEM PESSOAL E PROFISSIONAL

A sua imagem pessoal não pode ser imposta. A sua imagem deve transmitir confiança e credibilidade. Então, como construir essa imagem profissional perante o cliente?

A resposta está no primeiro encontro entre cliente e vendedor. Ele precisa gostar do que vê. Uma boa imagem visual não quer dizer que só quem é bem-dotado fisicamente será bom vendedor. Engana-se quem pensa dessa forma. Você pode não ser bonito fisicamente, mas deve estar bem-apresentado. Se preciso, leia novamente "Dicas para se tornar um vendedor que encanta" e "Mantendo-se como encantador de clientes", nos capítulos anteriores.

Segundo pesquisa científica publicada nos Estados Unidos, a nossa imagem pessoal é construída em três momentos distintos:

- A primeira impressão formada nos três primeiros segundos;
- A imagem inicial formada nos primeiros contatos;
- A imagem propriamente dita, aquela imagem formada que temos que manter e melhorar.

Faço sempre uma analogia entre cliente/vendedor e casal. Como você foi para o primeiro encontro com seu/sua namorado/a? Sem dúvida, tomou banho, escovou os dentes, passou perfume e causou boa impressão. Tão boa foi a impressão que ele quis vê-lo/a novamente. Você continuou causando boas impressões nos próximos encontros até que um dia casou e, nesse momento, a coisa mudou.

Eu passei por isso quando tinha um fornecedor que fazia manutenção no ar-condicionado da empresa. Ele, prestativo no início, chegava no horário, limpava as paredes e o chão, muito cuidadoso. O tempo passou, nos tornamos amigos e, logo depois, começou a atrasar, às vezes marcava e não comparecia. O que você acha que fiz? Exatamente. Troquei de fornecedor. Isso acontece na relação de cliente e vendedor, também de casal.

Depois desse exemplo, que, tenho certeza, nunca esquecerá, vamos falar sobre alguns detalhes importantes na primeira impressão.

A primeira impressão

Normalmente se sabe que "ninguém tem uma segunda oportunidade de causar uma primeira boa impressão". Estudos[*] atestam que são necessários somente três segundos para a formação da primeira impressão e, nesses escassos segundos, os principais fatores que influenciam na formação da imagem são:

- A visão (conjunto da imagem) do primeiro impacto, com 25%;
- O tom de voz, com 18%;
- A adequação das palavras utilizadas, com 14%;
- A linguagem corporal, com 10%.

Informações importantes sobre linguagem que você precisa saber

Em outro estudo, aparece que tom de voz representa 38%, palavras 7% e expressão corporal 55%. Isso quer dizer que as pala-

---
[*] Management Institute of Tecnology, EUA, Revista *Venda Mais*. Dez. 2021.

vras não são tão importantes, o mais importante é como você fala, sua entonação, firmeza na voz e as expressões do corpo (posturas e expressões faciais, movimentos dos olhos e distância entre os interlocutores). Veja o gráfico a seguir.

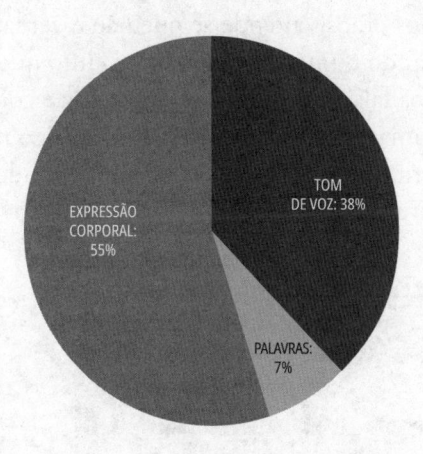

Gráfico: TOM DE VOZ: 38% | EXPRESSÃO CORPORAL: 55% | PALAVRAS: 7%

Além desses dados importantes, podemos incluir também outros três fatores que causam impacto no primeiro encontro.

- **Postura corporal** – Mantenha sempre uma postura ereta; evite demonstrar cansaço. É possível identificar se você está disposto ou não pela sua linguagem corporal. O corpo emite vários sinais e é possível fazer a leitura e deduzir muito baseado no que se vê.
- **Aperto de mão** – Muito cuidado ao apertar a mão do seu cliente; tenha firmeza, mas não precisa esmagar a mão. Se ele apertar um pouco, aperte um pouco também, demonstre sua presença, mas, repito, cuidado com os exageros. A mão deve estar perfeitamente encaixada uma na outra. Essa é uma das causas de começar uma venda de forma errada. Fique atento a esse ponto para não perder a venda já na entrada.

- **Olhar nos olhos** – Um fator importante para um vendedor é a capacidade de falar olhando nos olhos. Se um vendedor não consegue falar sobre um produto e olhar nos olhos do seu cliente, não transmitirá confiança. Os olhos criam uma sintonia entre as pessoas; ao não conseguir olhar nos olhos, entende-se que não é verdade o que você está falando ou não acredita no produto que vende.
  Os olhos falam muito sobre as pessoas e como estão pensando: imagens, sons ou pensando consigo mesmo (diálogo interno). Veja o quadro a seguir, segundo informações da Neurociência e da PNL.

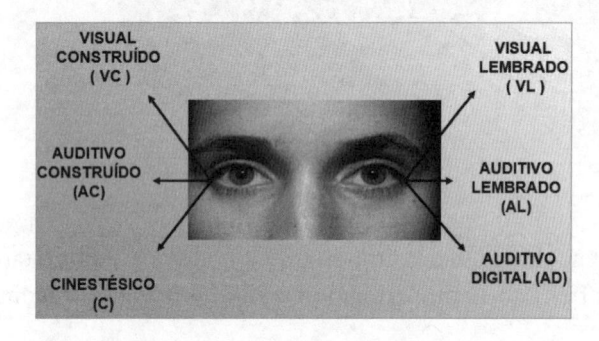

Diagrama de padrões de olhares, baseado no livro
Frogs into Princes de Bandler & Grinder (1979)*.

Principais movimentos oculares

Alguns pesquisadores buscam relações entre os movimentos oculares, pensamentos e emoções:

- **Para cima, à direita** – Toda vez que uma pessoa olha nessa direção está ativando o cérebro a criar imagens (os melhores pintores utilizam essa posição para aumentar a criatividade).

---

* Bandler, Richard; Grinder, John (1979). Andreas, Steve, ed. *Frogs into Princes: Neuro Linguistic Programming*. Real People Press.

- **Para cima, à esquerda** – Esse movimento dos olhos faz o cérebro resgatar arquivos visuais na memória. Ao fazer uma abstração, o ser humano, invariavelmente, olha para cima. Experimente fazer uma conta matemática mentalmente e perceba como seus olhos movimentam-se para cima. Estudantes que tiram as melhores notas no vestibular costumam utilizar essa técnica para aumentar as chances de acerto.

- **Para o lado esquerdo** – Esse movimento, como se olhássemos na direção do ouvido, ativa os arquivos de memória ligados à audição. Utilizamos esse movimento dos olhos para lembrar músicas ou sons que ouvimos no passado.

- **Para o lado direito** – Olhando nessa direção, estimulamos nosso cérebro a criar sons. Os músicos utilizam com frequência esse movimento ao comporem novas músicas e ao prepararem novos arranjos musicais.

- **Para baixo, à direta** – Existem autores que afirmam que essa posição compreende a cinestesia. Isso significa que estão mergulhados em pensamentos internos (tentando encontrar solução).

- **Para baixo, à esquerda** – Ao olhar nessa direção, remoemos sentimentos. Lembramos coisas que fazem parte de nosso passado, incluindo lembranças quaisquer — como memórias tristes, estimulando, inclusive, o autodiálogo.

- **Para baixo** – O movimento dos olhos como se olhássemos para a ponta do nariz ativa os nossos sentidos olfativos. Por isso, enólogos, ao degustarem vinhos, olham para a ponta do nariz.

Ressalvas e críticas

Os autores Allan e Bárbara Pease fazem uma observação sobre os canhotos: 10% das crianças que nascem em todo o mundo são canhotas. Dessas, 60% desenvolvem movimentos ambidestros, ou seja, utilizam as duas mãos com a mesma habilidade. Os outros 40% restantes mantêm-se totalmente canhotos e, neles, o movimento dos olhos funciona de maneira invertida.

Essa informação é importante para quem quer se tornar um especialista em vendas. Quando você percebe que o seu cliente está olhando para cima e para esquerda (criando imagens), o canal visual está aberto, nesse momento você pode colocar imagens na cabeça dele com mais facilidade. Funciona como uma sintonia de TV, quando colocada na sintonia certa, a imagem aparecerá de forma clara e nítida. Fale para o cliente: "imagine esse sofá na sua sala" e ele irá até a casa dele mentalmente, colocará o sofá na sala e voltará para fechar com você.

As outras informações passadas têm igual valor. Imagine uma pessoa que está olhando para o lado esquerdo. Nessa posição, estará ativado o canal auditivo com mais amplificação e você pede para que ele imagine os elogios que receberá pelos amigos, parentes e conhecidos que forem visitá-lo e se depararem com aquele lindo sofá.

Na posição cinestésica – cliente olhando para baixo, para esquerda –, fale: "você consegue sentir a sensação de estar em seu lar, com toda a sua família, sentado em um sofá confortável como esse, assistindo àquele filme especial?".

Veja algumas palavras utilizadas por pessoas visuais, auditivas e cinestésicas:

- **Visual** – ver, mostrar, revelar, ponto de vista, gráfico, aparência, olhar, prever, imagem, bonito, belo, nitidez, transparência, luminosidade, entre outras.
- **Auditivo** – chamar, ouvir, soar, conversa, calado, responder, escutar, entre outras.
- **Cinestésico** – sentir, textura, apertar, macio, amargo, relaxar, frio, quente, experimentar, mover, entre outras.

Prepare argumentos para utilizar com os seus clientes, tendo como base as posições oculares e comece a vender mais.

Visual:
_____
_____
_____
_____

Auditivo:
_____
_____
_____
_____

Cinestésico (pensamento):
_____
_____
_____
_____

IMPORTE-SE COM O CLIENTE

Se um cliente chega até a sua loja e diz:
— Semana passada eu fui aos Estados Unidos e vi uma camisa social, com detalhes prateados na gola e com tecido que parece plástico. Avisaram-me que já estava à venda no Brasil. Você tem essa camisa?

Imediatamente, um vendedor responderia que tem ou não tem o produto e o cliente sairia da loja.

E você deve estar com uma voz na sua cabeça dizendo:
— Eu faria diferente, oferecia uma camisa parecida.

As duas opções estão erradas. No primeiro momento, você deve esquecer a camisa, não falar de vendas, falar do assunto precioso de que o cliente quer falar, sua viagem para os Estados Unidos.

Se ele não estivesse muito orgulhoso de ter ido aos Estados Unidos, jamais teria mencionado. O vendedor não pode perder essa oportunidade.

— Como foi sua viagem? Foi a trabalho ou a lazer?

O cliente, orgulhoso, fará um relato com riquezas de detalhes e você, vendedor, deve continuar interagindo na conversa.

— Nossa, que bacana! Sempre tive vontade de ir aos Estados Unidos (comentário de forma sincera).

Dessa forma você consegue demonstrar interesse pelo seu cliente e ele vai saber que você não está ali só para vender, que também sabe ouvir.

Quando finalizar o assunto Estados Unidos, retorne ao contexto camisa. Mesmo que não tenha o que quer, ele vai comprar a camisa parecida, e não vai comprar só uma, pode comprar duas ou três.

Certa vez, quando estava vendendo anúncios de rádio, abordei um cliente que estava fazendo a renovação do seu anúncio. Antes de falar sobre o assunto vendas, busquei elogiá-lo de forma sincera falando o quanto o admirava.

— Você é um grande empreendedor, vi as obras que está fazendo na rua X. As casas serão para venda ou aluguel?

Ele contou que tinha mais obras em andamento, aquela era apenas uma pequena parcela dos seus empreendimentos. Por alguns minutos, ele apresentou o seu portfólio de investimento, e eu só pude reforçar o quando o admirava por ser empreendedor e gerar tantos empregos.

Pouco tempo depois, ele perguntou: o que o traz aqui hoje?

Agora, foi só apresentar o contrato e ele assinou com facilidade. Nunca faça uma abordagem direta, sempre busque algo para elogiar para, só assim, depois de uma boa conversa descontraída, entrar no assunto vendas.

Estudos provam que as pessoas gostam mais de ser ouvidas do que de ouvir, então ouça mais o seu cliente e terá mais sucesso: se interesse pelo que ele fala, pegue as informações preciosas e faça com que fale mais sobre o assunto. Ele vai gostar. No final, a venda vai acontecer.

AFEIÇÃO E SIMILARIDADE
GERAM APROXIMAÇÃO E VENDAS

As pessoas escutam mais e preferem dizer sim àqueles que conhecem e por quem têm um afeto sincero, seja por amizade ou por admiração. Outro fator importante que faz as pessoas concordarem e comprarem com mais facilidade é a semelhança. Perceba que as pessoas que têm o mesmo estilo, idade, classe social, assuntos em comum, estão sempre conversando. Utilize essa estratégia para que a outra pessoa goste de você. Fale de assuntos de interesse do outro, e não do seu, nunca fale de religião, futebol ou política, principalmente se você for de time, crença ou partido diferente do seu cliente. Caso opte por falar, esse será um erro tão grave que o cliente nunca mais voltará à sua loja.

Perceba que casais sem filhos saem juntos, casais com filhos também, jovens gostam de andar com pessoas da mesma faixa de idade, *hippies* com outros *hippies*. Quem tem interesse em futebol faz roda de conversa e passa horas falando sobre o assunto, o mesmo acontece com quem gosta de música ou é músico. Assim como quem gosta de livros, filmes e tantos outros assuntos que podem despertar interesse e gerar sintonia.

Outro fator importante para gerar aproximação é elogiar. Faça um teste elogiando um amigo, colega de trabalho ou o cônjuge. Um simples elogio é transformador, fará com que a outra pessoa comece a tratá-lo melhor, queira estar próxima a você. Se for um funcionário a ser elogiado, sem dúvida, manterá o mesmo posicionamento e dedicação para ter mais elogios e reconhecimento.

É preciso tomar muito cuidado com os elogios. É necessário sinceridade. Quando for falar sobre assuntos de interesse do cliente, também é importante demonstrar interesse, mesmo que você não seja grande conhecedor do assunto. Ouça, se interesse e verá que terá cada vez mais sucesso.

A IMPORTÂNCIA DE
CONHECER NOVAS PESSOAS

Essa é uma etapa importante para os grandes vendedores. Se você quer se tornar o melhor, deve sempre conhecer novas pessoas, não só em suas visitas a empresas para prospecção, digo em relação a participar de festas, palestras, treinamentos, todo tipo de evento que dê oportunidade de aumentar o seu leque de pessoas conhecidas que podem futuramente fazer negócios com você.

Tenho um amigo que sempre que eu o chamava para participar de palestras ou treinamentos me perguntava qual o público estaria presente, porque para ele era importante participar sempre que tivessem líderes, gerentes e empresários. A participação desses eventos era fundamental para ampliar sua rede de clientes. Ele não estava preocupado com o conhecimento que adquiriria do palestrante, isso também era bom, mas o que queria mesmo era sair daquele local com mais contatos e com novos amigos, muitas vezes já saía com vendas realizadas.

Adiante conhecerá um pouco sobre a história de Joe Girard – o maior vendedor do mundo – ele também utilizava técnicas parecidas para ampliar sua rede de contatos.

Eu sempre digo para meus alunos: "quando for a eventos, sente-se ao lado de desconhecidos, para ter a oportunidade de conhecer novas pessoas". Esse amigo que participava dos eventos seguia muito bem essa cartilha. A cada rodada de atividade do treinamento ou a cada novo dia de curso, sentava-se com pessoas diferentes. Ao final do *workshop*, ele já tinha conhecido todos os participantes e voltava para casa e para os negócios com muitos contatos para prospectar no dia seguinte.

No livro que escrevi em coautoria, *Manual completo de empreendedorismo*, falo sobre as oito principais características de um vendedor de sucesso e uma delas é a rede de contatos. Falo da importância de se ter pessoas ao seu lado que possam fazê-lo crescer e chegar longe. Existe um ditado que diz que, para fazer a sua mensagem chegar até alguém muito importante, depende apenas de quatro pessoas. Você conhece João, que conhece Pedro, que conhece o Bispo Davi, que conhece o Papa, assim sua mensagem e seu nome vão longe.

EXERCÍCIO PARA DEFINIÇÃO DE QUALIDADES PESSOAIS

Este formulário deve ser preenchido com a ajuda de pessoas que o conhecem bem e podem falar um pouco sobre suas qualidades e seus defeitos. Sempre que a sua qualidade ou defeito forem repetidos por mais de uma pessoa, anote no tracejado correspondente (essa é a forma como você é visto pelas pessoas e não a sua visão de como acredita ser). Pergunte para no mínimo cinco pessoas.

Recomendações:

- Pai, mãe e irmão (só perguntar para um dos três);
- Não perguntar para o marido ou namorado, namorada ou esposa, porque pode dar separação. Certa vez, na minha primeira turma de vendas, solicitei que fizessem esse exercício e trouxessem na aula seguinte. Para minha surpresa, a aluna perguntou para o marido e ele falou uma página inteira de defeitos, então ela não resistiu e separou na hora. Foram dez meses separados. O ex-marido esteve na segunda turma de vendas e confirmou o fato. Não quero ter mais esse trauma na minha vida. Então considere essa recomendação e evite conflitos pessoais.

Autoconhecimento

Quais são suas principais qualidades?
_____
_____
_____
_____
_____
_____
_____

Quais são seus principais defeitos?
_____
_____
_____
_____
_____
_____
_____

Agora, é só trabalhar com as informações, investir no que já tem de bom e corrigir as deficiências. Procure artigos na internet, em *sites* confiáveis que falem como superar cada item de "defeito" destacado pelos seus amigos. Se o defeito atrapalha em sua vida pessoal ou profissional, deve ser resolvido o quanto antes.

QUAL O PRODUTO
QUE MAIS VENDE?

Quando trabalhava em uma loja vendendo roupa e calçados, tínhamos produtos novos, outros que já tinham mais de seis meses e produtos com mais de um ano – eu já vou explicar por que estou separando os produtos por cronologia de tempo. Com a ideia de vender os itens que tinham mais tempo na loja, o dono teve uma grande sacada que você pode implementar na sua loja hoje mesmo. Ele marcou os produtos com etiquetas diferentes, levando em consideração o tempo. Produtos novos (etiqueta branca), produtos que tinham mais de seis meses (etiqueta verde), produtos que tinham mais de um ano (etiqueta amarela). E qual era a diferença entre as etiquetas, além das cores? Isso é o que você deve estar se perguntando nesse momento. Calma, que vou já esclarecer.

Você deve estar pensando que a diferenciação das cores dava mais descontos para os clientes; a etiqueta amarela tinha mais desconto, por isso venderia mais. Dessa vez o aumento da venda não tem relação com a vontade de o cliente comprar, e sim com motivação do vendedor em oferecer o produto. Para acabar com o mistério, vou relatar a estratégia.

- **Produtos com etiquetas brancas** – 1% de comissão para o vendedor;
- **Produtos com etiquetas verdes** – 2% de comissão para o vendedor;

- **Produtos com etiquetas amarelas** – 3% de comissão para o vendedor.

Imagine agora quais o vendedor teria mais interesse em vender, já que as amarelas pagavam três vezes mais que as brancas. A estratégia foi de motivação. Perceba que os produtos que mais vendem são sempre aqueles que mais se oferecem.

Certa vez, em uma das minhas empresas, percebi que havia um curso que não estava vendendo. Conversei com a equipe comercial e perguntei se esse curso estava sendo oferecido, porque há seis meses não montava turma. A resposta foi não. A partir desse dia, o primeiro curso a ser ofertado, dentro do segmento pelo qual o cliente se interessava, era o curso que não estava vendendo. Imagine o que aconteceu. Em menos de 15 dias, o curso montou turma.

A mesma coisa aconteceu com a empresa que mudou a cor das etiquetas de acordo com o tempo do produto, remunerando melhor o vendedor para vender as amarelas. Em menos de dez dias, todos os produtos foram vendidos.

A partir de hoje, ofereça todos os produtos do seu catálogo sem ficar focado apenas naquele que você acha que vai vender mais, no que tem mais mídia ou no que é lançamento.

A Coca-Cola é o refrigerante mais vendido porque é o que mais se oferece. Seja via propaganda de TV ou nos mercados, com o *freezer* bem na porta. Quando você pensa em comprar refrigerante e dá de cara com o *freezer* na entrada, logo vem a mensagem subliminar na sua mente. Adivinhe qual vai comprar?

CONHEÇA O SEU PRODUTO

Antes de começar a vender, deve-se conhecer bem o produto. O ideal é que o encarregado pela empresa ou vendedor mais experiente dedique-se a explicar sobre cada produto. Faça anotações e pergunte se tiver dúvida.

A pior coisa que pode acontecer é quando um cliente entra em uma loja à procura de um produto e o encontra, mas ainda tem dúvidas sobre as características ou qualidades do produto, e o vendedor não tem pleno domínio para esclarecer as objeções. E a coisa ainda pode ficar pior quando o vendedor dá informações erradas por saber pouco ou nada sobre determinado produto. Na dúvida, pergunte.

Como havia dito no início, pesquise sobre o produto, leia as informações constantes na embalagem, descubra as principais qualidades. Conheça outros produtos similares e faça uma comparação de vantagens e desvantagens entre os demais.

O que tem de diferente entre um *smartphone* de um salário mínimo e um iPhone da Apple que vale aproximadamente cinco salários mínimos? Por que devo pagar cinco vezes mais em um celular da Apple?

Qual o diferencial que faz um produto valer mais no mercado? Certamente, um dos motivos é a alta resolução da câmera fotográfica, a memória interna que equivale a dez vezes mais, o processador tão potente que não trava, o *design*, a tecnologia e a inovação, a resistência à água, a valorização no momento da troca, o sistema antifurto e o valor da própria marca. Se você tiver dois aparelhos idênticos – um tiver a marca da maçã e o outro uma marca normal, sem dúvida o da Apple valerá mais – a marca tem o seu valor. E tantos outros benefícios que você pode encontrar pesquisando na internet. É importante que você domine o seu produto.

Segue um bom exercício para começar a exercitar:

O que você vende?
_____
_____

Relacione os dez benefícios do seu produto ou serviço:

1. _____
2. _____
3. _____
4. _____
5. _____
6. _____
7. _____
8. _____
9. _____
10. _____

CLIENTE DESISTE DA COMPRA POR FALHA DO VENDEDOR

Os clientes acabam questionando a qualidade dos produtos na tentativa de conseguir descontos. Seria muito bom se todos os clientes comprassem sem objeções. É exatamente por isso que existem vendedores profissionais e técnicas que ajudam a contornar a situação e concluir a venda com sucesso.

Uma boa dica é anotar as objeções dos clientes depois de uma tentativa frustrada, lembrando que cada pessoa é diferente da outra, mas, na maioria das vezes, as objeções feitas a um produto tendem a se repetir, por isso crie algumas saídas para não perder as vendas.

Crie uma tabela para melhorar a visualização e elabore as respostas possíveis para as objeções. São essas e outras perguntas (objeções) que o cliente vai fazer e para as quais, como vendedor, deve estar sempre preparado.

Esse exercício ajudará a montar um esquema para apresentação do produto.

Exemplo:

- Produto: brinco.
- Objeção: esse brinco enferruja se molhar?

Resposta para convencer o cliente: "esse brinco é folheado a ouro, pode molhar tranquilamente que não vai ficar preto ou enferrujar. Caso fique preto, eu troco. Dou garantia". Dessa forma, a venda acontece porque o cliente está seguro. Agora, monte o seu esquema de vendas rebatendo as objeções e tenha sucesso.

Produto: _____

Objeção 1 (pergunta do cliente):
_____
_____

Resposta para convencer o cliente:
_____
_____
_____
_____

Objeção 2 (pergunta do cliente):
_____
_____

Resposta para convencer o cliente:
_____
_____
_____
_____

Objeção 3 (pergunta do cliente):
_____
_____

Resposta para convencer o cliente:
_____
_____

_____
_____

Objeção 4 (pergunta do cliente):
_____
_____

Resposta para convencer o cliente:
_____
_____
_____

Objeção 5 (pergunta do cliente):
_____
_____

Resposta para convencer o cliente:
_____
_____
_____

Objeção 6 (pergunta do cliente):
_____
_____

Resposta para convencer o cliente:
_____
_____
_____

Objeção 7 (pergunta do cliente):
_____
_____

Resposta para convencer o cliente:
_____
_____
_____
_____

Objeção 8 (pergunta do cliente):
_____
_____

Resposta para convencer o cliente:
_____
_____
_____
_____

Objeção 9 (pergunta do cliente):
_____
_____

Resposta para convencer o cliente:
_____
_____
_____
_____

Relacione várias objeções e responda. O ideal é que faça isso para cada produto e esteja preparado para responder a qualquer objeção.

CONHEÇA ALGUMAS DAS
OBJEÇÕES UTILIZADAS PELOS CLIENTES

"Tenho pressa, estou sem tempo para decidir."
Geralmente essa é a desculpa mais utilizada para dispensar o vendedor. Frases do tipo "preciso consultar meu marido" mostram a intenção de desistência. Responda que entende perfeitamente. Logo depois, solicite permissão para fazer uma pergunta. Caso a resposta seja positiva, devolva a mesma questão, da seguinte forma: "Por que você precisa consultar seu marido?". Continue: "Além desse, há outro motivo para não levar o produto?". Especialistas afirmam que, na maioria dos casos, a segunda resposta dada pelo cliente é a verdadeira. Depois de descobrir o real motivo do cliente, mostre as possibilidades de produtos disponíveis na loja. Caso a resposta seja negativa, despeça-se e agradeça pela atenção.

"Está caro."
A principal objeção dos clientes é sempre questionar o preço do produto. Em geral, são blefes. Considerar um produto ou serviço caro ou barato pressupõe uma comparação com a concorrência. É exatamente esse o ponto a ser trabalhado pelo vendedor: "o senhor falou que o produto está caro. Caro em relação a quê?". Geralmente, nesse momento, ele dirá: "essa calça que está querendo vender por R$ 200,00 tem uma similar na loja ao lado por R$ 100,00". Nesse momento, você

deve falar mais sobre o produto ou voltar a falar, só que de forma diferente, para ficar claro para o cliente que o seu produto vale R$ 200,00: "senhor João, essa calça é de um *jeans* especial, escovado, com tecido macio e com tratamento sofisticado. Essa calça proporcionará para o senhor uma duração incomparável, garantindo mais de 100 lavagens para começar a perder a cor, já a calça da loja ao lado, tenho certeza de que perderá a cor na primeira lavagem. O que o senhor prefere: comprar uma calça que desbota na primeira lavagem ou uma calça que tem a garantia de 100 lavagens?".

Uma dica:
Antes de informar o preço do produto, fale dos benefícios, só no final, quando perguntado, fale o valor do produto. Quando se fala das características, ressaltando os pontos positivos do produto e as vantagens, é isso que você está fazendo, agregando valor ao seu produto.

No início, fale em valores totais, sem descontos. Use como argumento os seguintes pontos: ganho de oportunidade, suprimento de necessidade, benefícios pelo uso e investimento patrimonial (para itens mais caros, como carros, lotes, casas, joias e equipamentos domésticos).

"Não preciso disso agora."
Prestar atenção na atitude do cliente ajuda a perceber o grau de envolvimento com o produto em questão. Observe se realmente há interesse. Se perceber evidências positivas, invista em frases afirmativas que valorizam a ocasião: "esta é uma grande oportunidade", "o preço está ótimo" ou "você não vai se arrepender, nós garantimos a qualidade do produto". Baseado nas suas experiências, se esforce para traçar uma estratégia de persuasão condizente com a situação.

O cliente nem sempre leva o que foi buscar

É preciso ouvir bem o cliente para entender o que ele realmente quer. Se você trabalha em uma loja de roupa, entenda que tipo de roupa ele quer, em que ocasião vai usar, se para sair à noite, ou algo mais descontraído. Entenda o cliente, fale menos no início da abordagem, isso fará com que não perca tanto tempo tirando da prateleira aquele amontoado de roupas. Tire somente as que tiverem o perfil que o cliente pediu.

Quanto mais você conhecer o cliente, melhor. Com o passar do tempo, ao receber novos produtos, automaticamente relacionará determinados produtos a esse ou aquele cliente fiel. "Este casaco combina com a Tainá", "a Márcia vai gostar muito desta bolsa!".

Sempre que chegarem produtos da nova coleção, ligue para os seus clientes fiéis e os avise que chegaram e que já separou as melhores peças. Sem dúvida, o cliente se sentirá especial e irá à loja conferir com muita curiosidade e entusiasmo.

Para completar, seguem mais algumas informações importantes que você deve ter à disposição para argumentar com o cliente.

Qual o diferencial da sua empresa em relação às concorrentes?
_____
_____
_____
_____

Qual o diferencial do seu produto em relação aos similares?
_____
_____
_____
_____

DIFERENÇAS ENTRE HOMENS E MULHERES

É preciso perceber que a abordagem de um vendedor para o sexo masculino deve ser diferente da abordagem com o sexo feminino. Pesquisas clínicas identificaram várias diferenças, algumas delas foram registradas no livro do Dr. John Gray, *Homens são de Marte, mulheres são de Vênus*. Segue quadro mostrando essas diferenças:

Homem	Mulher
Fala menos.	Fala mais.
Diante do problema, vai para a caverna.	Diante do problema, dispara a falar.
É superobjetivo, às vezes até demais.	Foca muito no raciocínio contínuo.
Age como elástico: vai e, de repente, volta.	Age como onda: às vezes em alta; outras, em baixa.
Pontuação quantitativa.	Pontuação qualitativa.

Analisando as diferenças, perceberá que, para realizar o fechamento, há muitas diferenças a serem consideradas. Isso vai melhorar muito e aumentar o seu índice de fechamento.

Perceba que os homens falam menos, então fale mais nas explicações. Mostre mais, explique mais. Faça perguntas abertas:

fale um pouco mais sobre o produto que está buscando. Uma ou duas perguntas são suficientes. Lembre-se de que 95% dos homens são mais diretos. Então não exagere.

As mulheres gostam de falar mais. Você, sendo vendedor homem ou mulher, deixe a cliente à vontade para falar, discorrer sobre o que gosta e, dessa forma, conseguirá com mais facilidade saber qual o produto adequado para vender e, se couber no momento, oferecer algo mais, principalmente porque já sabemos que mulheres consomem mais do que os homens. Lembre-se de que 95% das mulheres falam mais, mas não se esqueça dos 5% que falam menos. Então observe, identifique, faça sua avaliação sobre a melhor estratégia a utilizar, sinta o momento.

Observe bem as atitudes e diferencie o tratamento entre homens e mulheres. Boas vendas!

ACREDITE QUE VOCÊ PODE VENDER MAIS

O simples fato de ter fé em si mesmo faz toda a diferença para um vendedor. É preciso acreditar em seu potencial, não fique só esperando a motivação vinda do seu chefe imediato, pois ela talvez nunca chegue. Crie as próprias metas e objetivos definidos. Quanto mais alta for essa meta, mais longe poderá chegar.

O simples fato de acreditar que um objetivo que é aparentemente impossível para muitos pode ser vencido por você já faz com que saia na frente, mas é preciso criar o passo a passo de como fará isso. Ler este livro, sem dúvida, já é um importante passo para que consiga crescer profissionalmente e criar metas em sua vida.

No ano de 2009, surgiu a oportunidade de investir em uma empresa de eventos empresariais. O mercado de eventos estava parado naquele momento, há muito tempo não aconteciam palestras e treinamentos na cidade. Então, com uma pessoa que já estava atuando informalmente no ramo, decidimos constituir sociedade e fazer esse negócio dar certo. Naquela época, ninguém tinha feito um evento empresarial (palestra) para mais de 500 pessoas, nem as associações de classes ou entidades representativas.

Lembro como se fosse hoje a minha motivação na realização desse evento. Com a data definida, 10 de novembro de 2009, o palestrante era Daniel Godri Junior. O objetivo inicial era um público de 700 pessoas, mas minha empolgação era tão grande que sugeri a minha sócia, Zezília Martins, que imprimíssemos o número de ingressos igual à capacidade máxima do espaço de eventos. Então foram impressos 1.200 ingressos. Jamais na história da cidade de Luís Eduardo Magalhães uma palestra empresarial tinha atingido um público tão grande.

Para atingir esse público recorde, contratamos uma agência de publicidade que desenvolveu todo o material de *marketing* e projeto gráfico, além das chamadas distribuídas entre rádio e TV regional.

É importante relatar também que as pessoas não compram ingressos para eventos de treinamentos que trazem conhecimento e informação para crescimento pessoal só ouvindo publicidade, e sim sendo convencidas da importância de participar de uma palestra que vai fazer com que vendam mais, tenham mais resultados pessoais e profissionais.

Um detalhe importante dessa história é que não tínhamos capital para pagar o palestrante, o dinheiro deveria ser arrecadado por patrocínios e venda de ingressos. A crença de que esse evento daria certo fez com que os próprios patrocinadores acreditassem no sucesso dessa palestra e apostassem que seria bom para ambas as partes.

Com o passar dos dias, o evento foi acontecendo e os primeiros ingressos foram vendidos. Para resumir, o fato é que todos os ingressos foram vendidos. Havia mais 100 pessoas querendo comprar e não tínhamos mais vagas.

Com o sucesso do evento, decidimos fazer mais eventos e repetimos a façanha de colocar mais do que o número que as pessoas achavam impossível. Os próximos aconteceram com público de 700, 800, 1.000, 1.100. Em 2013, batemos o nosso próprio recorde colocando 1.500 pessoas em um espaço de evento, com palestra do professor Luiz Marins.

Este texto exemplifica muito bem a questão da fé em si mesmo. Acredite que você pode mais, busque os meios, trace suas metas, defina seus objetivos e vá em frente. Se achar necessário, participe de treinamentos de vendas para adquirir mais confiança.

O erro também faz parte do processo de conquista de objetivos, por mais que não consiga atingir no primeiro momento, persista até o objetivo final. Imagine se o famoso inventor da lâmpada incandescente, Thomas Edison, tivesse desistido nas primeiras tentativas, hoje talvez não tivéssemos a iluminação noturna dos lares e ruas de todas as cidades do mundo. Edison teve derrotas temporárias por mais de 10 mil vezes até encontrar o elemento necessário para fazer a lâmpada incandescer e acender.

Uma verdade que relato nesse instante é: o impossível não existe, ele só existe até que alguém vá e faça. Exemplo excelente disso também é a história do estudante de medicina Roger Bannister que, em 1954, ano em que era impossível correr uma milha (1.600 metros) em menos de quatro minutos, isso de acordo com vários estudos médicos publicados em milhares de páginas, atestando que um ser humano não poderia reduzir esse tempo. Mesmo contra os argumentos dos estudos, Roger provou que era possível e realizou o feito em 3m59s. O fato é que, depois que o recorde foi quebrado, 46 dias após, outro atleta também o fez, e atualmente esse recorde pertence ao marroquino Hicham EL, com a marca de 3m43s. Hoje qualquer atleta profissional consegue fazer esse tempo, e não é nem notícia de jornal.

Assisti a um filme memorável que retrata muito bem o que é foco, fé e determinação – *À procura da felicidade*, com Will Smith –, que conta a história inspiradora de Chris Gardner. Quero ser direto para mostrar erros cometidos, para que você não os cometa e, os acertos, para que tenha sucesso mais rápido.

Chris Gardner utilizou todas as suas economias para comprar muitas unidades de um aparelho chamado *scanner* de densidade óssea, com o foco em comercializar em sua cidade para os médicos. Naquela época era muito popular o aparelho de raio X para ver fratura em ossos. O *scanner* vendido por Gardner dava para ver com muito mais definição a fratura, só que era duas vezes o valor do raio X, então os médicos o achavam desnecessário.

Qual foi o erro? Chris Gardner havia comprado uma grande quantidade de equipamentos para venda sem saber se os doutores estavam dispostos a pagar a quantia que ele solicitava. Antes de investir muito em algum produto, compre poucos e faça um teste para ver se tem saída e se as pessoas estarão dispostas a comprar.

O momento da virada no filme foi quando Chris avistou uma Ferrari vermelha em uma avenida movimentada e muito requintada dos Estados Unidos. Visualizando o motorista saindo do carro, se apressou para alcançá-lo e perguntou:

— Meu amigo, posso te fazer uma pergunta? O que você faz e como você faz?

O homem respondeu apontando para empresa.

— Sou corretor, trabalho aqui na corretora.

Chris Gardner perguntou:

— Para ser corretor, precisa ir para a universidade?

— Não. Só precisa ser bom com números e pessoas.

Nesse momento, Gardner estava fazendo uma modelagem simples. Não tem problema nenhum desejar ter um carro caro, uma casa, fortuna. Para fazer isso, o melhor caminho é descobrir como as pessoas que já conseguiram fizeram.

Ele se inscreveu no processo seletivo para ser corretor da bolsa. Passou. Começou a estagiar, apesar de ter três horas a menos que os outros concorrentes à vaga. Ele só tinha seis horas por dia no trabalho. Tinha que usar as outras três horas para vender o *scanner* e continuar sobrevivendo e pagando a creche do filho.

Com menos tempo, teve que criar uma estratégia: não colocava o telefone no gancho entre uma ligação e outra; não bebia água para não precisar ir ao banheiro; começou a visitar os lugares onde os seus possíveis clientes frequentavam: o campo de golfe (naquela época, quem investia em ações eram os milionários, bilionários – e eles praticavam esportes caros). Conheceu vários empresários no golfe, entregou cartão de visita e pegou os deles. Fez contatos e conseguiu convencê-los a investir na sua corretora.

Chris Gardner foi o que mais levou clientes para a corretora, trabalhou por vários anos até montar, em 1987, a própria corretora. Tempos depois, vendeu parte minoritária da empresa em uma transação multimilionária. Hoje é corretor da bolsa, palestrante motivacional e investidor.

Um dos grandes segredos das pessoas bem-sucedidas é acreditar que são capazes, buscar estratégias para realizarem seus sonhos e serem persistentes.

Responda:

Você acredita que é ou pode vir a ser um bom vendedor?
_____
_____
_____
_____

Quais indícios poderia citar para comprovar que é um bom vendedor?
_____
_____
_____
_____

Sem dúvida, aconteceu um momento em que você perdeu uma venda. Relate como foi.
_____
_____
_____
_____

O que aprendeu com essa perda?
_____
_____

Relate agora o dia em que realizou uma venda de forma extraordinária.
_____
_____
_____
_____

Como se sentiu realizando essa venda?
_____
_____
_____
_____

O VENDEDOR DEVE TER UMA MENTE
BLINDADA CONTRA INFLUÊNCIAS NEGATIVAS

As pessoas, de modo geral, são muito suscetíveis a influências negativas. Todas as pessoas bem-sucedidas venceram esse mal e conseguiram encontrar o triunfo. Então, digo a você, caro leitor, que essa é uma das principais causas de fracasso no mundo das vendas e em qualquer outra profissão: deixar-se influenciar por pessoas negativas, seja parente, amigo, pessoa conhecida ou desconhecida é como deixar um veneno mortal adentrar sua mente.

Para se proteger dos que desejam, mesmo que inconscientemente, que você não prospere e seja tão fracassado quanto eles, crie uma blindagem em seu cérebro. Primeiro, se afaste dessas pessoas e evite falar de problemas. Fale de soluções. Evite notícias negativas e desfavoráveis que possam de alguma forma abalar seu humor, motivação e otimismo.

Quando alguém falar de crise próximo de você, encerre a conversa e procure pessoas que falem de soluções criativas que possibilitem ficar longe da crise. A crise só chega para quem acredita nela. Acredite que a tal "crise" é uma oportunidade. Conheço muitas pessoas que ganharam dinheiro nesse período e você pode ser uma delas, se assim acreditar e conhecer a estratégia.

Para finalizarmos essa parte importante, cito uma pequena história que ilustra muito bem o que estamos abordando: amigos de Thomas Edison disseram a ele que não era possível construir uma máquina que fosse capaz de reproduzir a voz humana. Eles diziam: "se é possível, por que ninguém nunca a inventou?". Edison não deu ouvidos aos amigos e seguiu confiante de que tudo que a mente pode criar pode ser feito.

Em 1877, ele criou e patenteou o fonógrafo, que gravava e reproduzia a voz humana por meio de um alto-falante. Em 1878, Edison inventou o microfone de carbono, que permitiu que pouco tempo depois se desse mais eficiência ao uso do telefone. Os microfones de *smartphones* têm como ancestral essa invenção.

A genialidade de Edison influencia até hoje nossas vidas. Em 1979, ele inventou a lâmpada incandescente. Certa vez um amigo perguntou a ele: "Thomas, por que você erra tanto? Você já tentou quase 10 mil vezes inventar a lâmpada, mas sem sucesso, desista".

Edison disse: "eu não errei, apenas eliminei 10 mil possibilidades". Ele testava um elemento, não dava certo, ele descartava, testava outro elemento, não dava certo, ele descartava, até o dia em que ele testou um elemento, esse elemento esquentou e incandesceu. Dessa forma, ele inventou a lâmpada incandescente.

SEIS MANEIRAS DE ADMINISTRAR O NÃO

Muitas pessoas começam no mundo das vendas por acaso, por falta de opção, e até se envergonham de trabalhar nessa área. Quando perguntado por amigos e conhecidos qual a sua profissão, eles dizem "por enquanto estou trabalhando com vendas, quando conseguir algo melhor, sairei desse emprego", e mal sabem que essa é uma profissão altamente rentável e que todas as outras profissões precisam utilizar vendas para conseguir ter mais resultados. Os médicos que ganham mais dinheiro não são os que sabem mais, são os que sabem vender melhor; a mesma coisa com os advogados, professores e, praticamente, todas as profissões.

Sabemos que o começo não é fácil. O vendedor precisa criar uma rede de contatos, e isso leva tempo. Precisa criar relacionamentos. Precisa conhecer bem o seu produto para poder apresentá-lo da melhor forma, tem que ser persistente e incansável na busca de novos clientes e trabalhar o pós-venda para manter o que já conquistou.

A bem da verdade é que no início da profissão de vendas, eles desistem de algo que ainda não conhecem, e isso é uma pena. Segue a relação de seis motivos para que você não desanime quando receber os primeiros nãos.

1. A rejeição não é pessoal (pode ser com a empresa ou com o produto que você trabalha);

2. Mantenha a calma (respire fundo ao ouvir um não);

3. Mantenha o bom humor (não mude sua expressão facial quando o cliente for resistente a comprar o seu produto, mantenha um sorriso no rosto. O não pode ser provisório). Adiante aprenderá como transformar o não em sim;

4. Responda a cada objeção à medida que for surgindo;

5. Escute com muita atenção antes de responder (importante ouvir o cliente até o final. Jamais o interrompa);

6. Finalize a resposta à objeção com uma pergunta: "Alguma dúvida?".

Não sei se até agora ficou com alguma dúvida, mas digo a você, com toda a certeza, que até o final deste livro não haverá dúvidas e se abrirá em sua mente um oceano de possibilidades.

NÃO BASTA SER PROFISSIONAL, É NECESSÁRIO PARECER

Umas das coisas que sempre digo em meus treinamentos de vendas e de como se comportar em uma entrevista de emprego é que não adianta ser um bom profissional, se não o parecer. A primeira impressão é muito importante nesse momento. Veja estes dois exemplos.

Você tem uma causa milionária e decide procurar uma indicação de advogado para o seu amigo, então ele diz: "conheço um advogado excelente, nunca perdeu uma causa". Passa o endereço e você vai procurar o tal advogado. Chegando ao local, você entra na sala do Dr. Paulo e o encontra de camisa regata, calça *jeans* e sandálias de dedo. Imediatamente, você desiste de deixar a sua causa milionária com ele. A justificativa: você não acredita que ele seja tão bom assim, nem parece advogado.

Outro caso interessante e que ilustra muito bem o nosso assunto é quando você está doente e precisa ir ao médico. Chegando à unidade de saúde, a recepcionista o atende com muita atenção, pede para aguardar alguns minutos e, passando esse tempo, pede para você ir até a sala do médico. Chegando lá, você se depara com uma pessoa de camiseta, bermuda e boné. Ele pede para que se sente e fale o que está acontecendo. Após relatar, ele dá a indicação para que tome três injeções. E você, vai tomar? Provavelmente não, vai querer uma segunda opinião, porque ele não transmitiu confiança, gerou uma imagem negativa.

Fica a lição. Esteja sempre preparado. Não só seja profissional, também pareça profissional, e tudo vai dar certo na sua vida.

Para que fique clara a questão da apresentação pessoal, vou relatar um estudo feito nos Estados Unidos. Um jovem vestido com bermuda, camiseta e sandálias foi para uma estação e começou a abordar as pessoas dizendo que havia perdido a carteira e precisava de dinheiro para pegar o metrô. Na primeira hora, ele conseguiu dois dólares. Na segunda hora, ele vestiu uma camisa, calça social, gravata e sapato. Dessa vez, ele conseguiu quatro dólares e ainda ofereceram dinheiro para ele comprar o jornal.

Com o resultado, os pesquisadores acharam que ele tinha aprendido na segunda hora, por isso conseguiu duas vezes mais. No segundo dia, foi invertida a ordem. Dessa vez, primeiro ele foi de roupa social e gravata, só depois com bermuda e camiseta. O resultado foi o mesmo: com terno e gravata, conseguiu o dobro.

LIGUE PARA OS CLIENTES PARA INFORMAR QUE CHEGARAM PRODUTOS NOVOS

Quanto mais você souber sobre os clientes e suas preferências, mais especiais eles se sentirão quando ligar para avisar sobre produtos novos e que separará. "O senhor prefere vir à loja para experimentar os produtos ou prefere que eu os leve para que o senhor experimente no conforto do seu lar?"

Certa vez, tive uma aluna do curso de vendas que fazia parte de um grupo de lojas que estava realizando treinamento. Observando essa dica, colocou em prática nos dias que seguiram e já nos primeiros meses conseguiu estar entre as principais vendedoras. Seis meses depois, ela era a vendedora número um e permaneceu nessa posição por dois anos, até quando foi chamada por uma empresa ainda maior.

Para facilitar a sua ação, faça uma tabela com os nomes dos clientes e os itens que eles gostam.

Exemplo: camisa social

Nome	Telefone	Observação
Paulo de Souza	(xx) 99999-9999	gosta de camisa de listras
José Cardoso	(xx) 99999-9999	gosta de única cor
Pedro Assis	(xx) 99999-9999	camisa tamanho 3
Edvaldo Sales	(xx) 99999-9999	camisa tamanho 4

Exemplo: calça jeans

Nome	Telefone	Observação
Maria José	(xx) 99999-9999	tamanho 42 – lavagem xxxx
Márcia Rios	(xx) 99999-9999	tamanho 38 – cores fortes
Joara Alice	(xx) 99999-9999	tamanho 36 – tons claros
Gabriel de Sá	(xx) 99999-9999	tamanho 44 – tradicionais

Faça com os principais produtos. Quando chegarem produtos novos, recorra à lista de clientes que já compram com você.

DESPERTE O DESEJO
DO SEU CLIENTE

Uma das técnicas mais importantes no momento da abordagem é chamar a atenção do seu cliente. Caso não consiga, dificilmente a venda acontecerá.

Há algum tempo, sempre recebia ligações de operadores de *telemarketing* de telefonia. Sempre fui muito resistente, principalmente porque sempre ligavam em horários inapropriados. Para minha surpresa, recebi uma ligação de um operador bem treinado que sabia como chamar a atenção dos clientes.

Operador: Bom dia, Gilson, tudo bem?

Eu: Bom dia, tudo bem.

Operador: Meu nome é Carlos e falo da operadora X, o motivo da minha ligação é para informar que tenho um plano especial que vai reduzir a sua conta de telefone pela metade e ainda vai dobrar a sua internet.

Nota do autor: claro que ter as informações ajudou na argumentação.

Nesse momento, ele conseguiu minha atenção e fez com que eu desejasse ouvir mais sobre o que ele estava falando.

Eu: Fale um pouco mais sobre isso.

Operador: É isso mesmo, senhor Gilson. Temos um plano que vai reduzir sua conta pela metade e vai dobrar sua internet, e tem mais, você vai poder ligar para qualquer operadora e não vai cobrar ligações para fora do seu estado. Para melhorar ainda mais, não será descontada da sua franquia de internet a utilização do WhatsApp, Instagram, YouTube e Netflix.

Para que eu agisse, ele falou: "infelizmente, esse plano especial dura pouco tempo, preciso de uma confirmação urgente para que possa garantir a sua vaga". Nesse momento, ele fez com que eu agisse e fechasse a portabilidade.

Eu: Pode fazer.

Esta técnica é utilizada por equipe de *marketing*: AIDA.

- **Atenção** – Chame a atenção com uma frase de impacto.
- **Interesse** – Desperte o interesse do cliente para o seu produto.
- **Desejo** – Faça com que ele sinta desejo em adquirir.
- **Ação** – Fale uma frase que faça com que a pessoa aja.

AGREGANDO VALOR AO PRODUTO

É importante o vendedor entender sobre esse assunto. O produto precisa ser desejado. E para ele ser desejado, valem muito a publicidade e a exposição na vitrine da loja. Esses itens também fazem parte da valorização do produto. Quando um produto é anunciado separadamente dos demais, ele é mais valorizado. Quando se expõe na vitrine um produto isolado, separado dos demais, ele é tratado como peça única. Dessa forma, agregará mais valor ao produto.

O toque final fica por conta do vendedor. Faremos agora uma analogia: o que é caro para uma pessoa, muitas vezes, não é caro para outra, simplesmente porque uma deseja mais aquele produto por um motivo pessoal e intransferível.

Exemplo: aquela camisa rosa, muito parecida ou igual a que sua atriz favorita usa na novela. Última unidade da loja. Pode demorar mais de um mês para voltar a ter aquele produto. Não tem preço. Ela vai pagar o valor que for, mesmo que tenha que parcelar em dez vezes no cartão.

O que importa mesmo é o desejo que cada pessoa tem por um produto, e isso fica a caráter do vendedor despertar no comprador. Ele tem que passar as informações sobre o produto que tem à venda para despertar interesse no cliente.

Uma nota de R$ 200,00 custa aproximadamente R$ 0,32 para ser produzida pela casa da moeda, no entanto todos acreditam que ela realmente vale R$ 200,00, porque esse é o valor percebido em nossa mente. De fato, podemos trocá-la por mercadorias até esse valor em qualquer parte do país. O governo foi, sem dúvida, muito eficiente em nos convencer de que esse é o valor verdadeiro daquela cédula.

Esse é o verdadeiro desafio do vendedor: convencer de que determinado produto pode ser trocado por X valor.

Cuidados a serem tomados

É preciso tomar cuidado para não gerar uma expectativa muito grande sobre o produto ou serviço que oferece, pois isso pode gerar frustração. É muito perigoso quando agregamos mais qualidades do que o produto pode suportar.

Exemplo disso vem da Ford que, em 1956, lançou o Ford Edsel, com tamanho estardalhaço e mistério que criou uma expectativa enorme a respeito do automóvel por meses, e que não foi mostrada no último momento.

Quando foi lançado ao público, em cadeia nacional de televisão, as pessoas se decepcionaram ao se dar conta de que era apenas um automóvel, e não algo extraordinário. Para piorar, a qualidade do veículo era péssima. Assim, não durou mais que dois anos no mercado.

VENDA SOLUÇÕES
E NÃO PRODUTOS

O que o cliente procura quando vai à empresa em que você trabalha? Sem sombra de dúvidas, ele quer algo que resolva alguma necessidade. Comprar uma roupa nova para ir a uma festa, tênis para jogar vôlei ou para correr, um corte de cabelo que a deixe mais bonita, um carro econômico, confortável e em que caiba toda a família. Enfim, o cliente compra os benefícios que um produto proporciona.

Ele não compra características, então não perca tempo descrevendo-as nem utilizando termos técnicos para pessoas que não são especialistas. Com linguagem clara e acessível a todos, fale dos benefícios que a pessoa terá em adquirir o seu produto.

Podemos descrever mais um pouco para não ficar dúvida de que o cliente compra solução e não produto.

O que vende uma empresa de produtos de limpeza?
Bem-estar, higiene, conservação, tirar manchas, dar brilho etc.

O que vende uma empresa de cursos profissionalizantes?
Capacitação, conhecimento, oportunidade de crescimento profissional, uma melhor remuneração, melhorar o currículo para conseguir melhores oportunidades, promoção no emprego...

Quando se compra um celular, qual a necessidade principal?
Comunicar-se com outras pessoas de forma rápida e contínua, seja por meio de voz ou mensagem de texto, tirar fotos de

qualidade, gravar vídeos, postar nas redes sociais, ter um bom armazenamento de arquivos, processador rápido etc.

Cabe ao vendedor agregar outros benefícios do celular. Por exemplo: este celular tira fotos com alta resolução; tem memória interna de 128GB, o que possibilita que o senhor tire mais fotos, sem necessidade de comprar cartão de memória.

Uma infinidade de recursos pode ser destacada, em muitos deles o cliente não teria conhecimento se o vendedor não os apresentasse. Isso facilita a concretização da venda.

Para facilitar essa ação e melhorar a sua comunicação na hora da venda, apresento uma tabela que será primordial para que tenha mais argumentos.

Vantagens em comprar	Vantagens em não comprar

Preencha esses campos em branco e veja que o seu produto terá mais vantagem em ser comprado do que em deixar de fazê-lo. Se preferir, pergunte para o cliente qual a vantagem de comprar o seu produto. Ele entenderá que as vantagens são muito superiores. Use sempre estas palavras: "vantagens em comprar" ou "vantagens em não comprar".

Certa vez, quanto trabalhava em uma empresa que vendia cursos no valor de R$ 11.900,00, utilizava essa técnica e dava muito resultado. Deixando claro que essa técnica deve ser usada se o seu produto tiver um valor que compense utilizá-la, porque demanda tempo para realizar. Quando o cliente estava em dúvida se faria o curso ou não, pegava uma folha de papel ofício, a dobrava ao meio e escrevia de um lado todas as vantagens que ele teria se adquirisse o curso; do outro lado da folha, eu colocava o título – Vantagens em não comprar – isso mesmo, vantagens em não comprar – o que o cliente ganharia se não adquirisse o produto? Ele então relacionava as vantagens que ele tinha se não comprasse o produto. Mostrava para ele a quantidade de vantagens que anotei (12) e poucas vantagens em não comprar que ele anotou (2), entre elas (é caro). Ele achava caro pagar R$ 11.900,00 para fazer um curso de seis meses. Nas anotações que havia feito (Vantagens em comprar), tinha uma que era propositalmente para rebater essa objeção (está caro). A empresa dava uma garantia de retorno no faturamento da empresa de 3%, exemplo: uma empresa que fatura R$ 100 mil por mês teria a garantia de aumentar as suas vendas em 3% ou reduzir os custos no mesmo montante, o que garantia R$ 3.000,00 a mais por mês.

Pedia para que o empresário multiplicasse o valor do retorno (R$ 3.000,00) por 12 meses (um ano), resultado R$ 36.000,00. Na sequência, solicitava que ele multiplicasse por cinco anos (36 mil x 5 = R$ 180.000,00).

Em seguida, perguntava: o senhor ainda acha caro investir em um curso o valor de R$ 11.900,00 e obter um resultado de R$ 180.000,00 em cinco anos? A resposta era sempre não. E o negócio era fechado. A cada dez pessoas, nove fechavam.

Você deve estar se perguntando: e se a empresa não tivesse o aumento de 3% no faturamento? Excelente pergunta. Dávamos a garantia, desde que a empresa aplicasse o conteúdo. Quando não tinha resultado, o instrutor do curso ia até a empresa verificar se o conteúdo foi aplicado. A falta de resultado era justamente por não ter colocado em prática.

Vendendo esse mesmo produto, utilizávamos a técnica de prova social. Andava com um livro com mais de 200 páginas, em cada página continha 50 nomes e telefone de pessoas que fizeram o curso e ficaram satisfeitas. Solicitava que o interessado no curso escolhesse uma das páginas de forma aleatória, tirasse uma cópia e ligasse para alguns dos números que continha naquela página. Nem todos ligavam, mas quando era feito, o depoimento do ex-aluno era positivo. Só faça isso se o seu produto for de qualidade e as pessoas falarem bem de você e do seu produto.

O PODER DA DEMONSTRAÇÃO DE PRODUTOS

Esse recurso é muito utilizado por vendedores ambulantes. Mas também pode ser usado em empresas fixas desde que tenham uma amostra só para testes, como é o caso de concessionárias que dão a oportunidade de o cliente testar o carro e a qualidade do produto. Geralmente o cliente que solicita mais tempo com o carro, ao final do *test-drive*, decide pela compra do veículo ou percebe a necessidade de testar mais carros até encontrar o que deseja.

Outro segredo importante para realizar a venda é entregar algo de valor ao cliente. Entregar de forma gratuita. Ele ficará com a sensação de dívida com você, e não sairá da loja sem comprar.

No passado, havia um vendedor de geladeira chamado Vicente Faria, considerado um dos maiores vendedores de geladeira do país. Ele atuava principalmente em fazendas e povoados distantes e usava a seguinte estratégia: encontrava pessoas que ainda não possuíam o produto e que tinham condições para comprá-lo, pois ele observava a propriedade, a quantidade de gado no curral e se a propriedade era produtiva, deixava a geladeira na casa da família, com o argumento de que era um teste de qualidade, pesquisa de mercado para ver a satisfação do cliente em desfrutar dessa máquina fantástica. As pessoas sempre resistiam, e ele continuava a argumentar: "o senhor pode ficar com a geladeira um mês, não precisa assinar nada. Quando completar trinta dias, nós retornaremos para levar a geladeira". Ele, então, a instalava e ensinava como usar.

Quando Vicente Faria retornava para pegar a geladeira, os moradores da casa estavam tão acostumados a tomar água gelada, conservar as verduras e carnes que não permitiam que ele levasse o produto embora. Era venda fácil. 100% das vezes a esposa convencia o marido a adquirir o produto.

Existem vários produtos dos quais pode ser feita demonstração, a exemplo de bebidas, comidas, frutas, perfumes, um mês grátis de assinaturas de TV e filmes. Enfim, pense em uma forma de demonstrar o seu produto e verá que as vendas vão aumentar.

Certa vez, em uma das minhas aulas práticas de vendas em que os alunos fazem apresentações, uma aluna decidiu demonstrar a tábua de carne que o seu marido produzia, só que não era feita de madeira, e sim de vidro. Na sua demonstração, ela informou que poderia jogá-la ao chão tranquilamente e não quebraria. Dito e feito. Ela soltou a uma altura de 1,20 metro e, para surpresa de todos, se viu e ouviu um som de vidros se partindo em muitos pedações. Foi tão assustador para todos que estavam na sala, como também para a aluna que apresentava. Ela justificou que isso nunca aconteceu. Envergonhada, foi se sentar prometendo trazer uma nova para a aula seguinte.

Se não tiver certeza de que o seu produto é bom, jamais faça demonstração. Se não puder dar garantia, jamais o faça.

Em outra situação, tivemos a apresentação de uma aluna que levou uma vasilha com 30 cocadas para vender na sala. Entregou uma para cada aluno e disse: "vocês podem provar, se não gostarem, não precisa pagar". Essa aluna conseguiu vender todas as cocadas e saiu com R$ 60,00 no bolso. Isso em uma apresentação de dois minutos.

TÉCNICAS DE FECHAMENTO

O fechamento, sem dúvida, é o momento mais delicado da venda. Nesse momento pode-se pôr a perder todo um processo construído desde a chegada do cliente. Segundo especialistas, 80% das vendas são perdidas no momento do fechamento, principalmente porque a maioria dos vendedores desconhece as técnicas para finalizar com maestria uma venda, sem risco e com grandes chances de fidelização.

Ao longo dos meus mais de 20 anos trabalhando com vendas, pude perceber a hora certa de fechar um negócio, observar o humor e perceber se aquele era o melhor momento para oferecer o produto.

No instante em que se decide finalizar uma venda, percebe-se a linha tênue que existe entre sucesso e fracasso. Aprenda a usar todas as técnicas de fechamento e suas vendas aumentarão em até 80%.

Ninguém nasce vendedor. Qualquer pessoa pode se tornar um excelente vendedor, basta ter força de vontade para aprender, disciplina e determinação para seguir as regras de um bom vendedor, que já citamos no capítulo anterior. Sem dúvida, existem pessoas que possuem um dom natural para venda que também pode ser aperfeiçoado.

Vamos às técnicas de fechamento. É importante detectar os sinais de que o cliente está propenso a fechar uma venda. As informações oferecidas neste capítulo serão de total importância, por isso preste muita atenção e pratique as dicas apresentadas aqui. Vamos a elas.

Para detectar sinais de interesse, sugiro que o vendedor, após expor todas as suas argumentações, faça algumas perguntas abertas para que o cliente demonstre sinais de compra. Seguem alguns exemplos:

1. Solicite que o cliente dê opinião sobre o que você expôs;
2. Pergunte o que ele achou da proposta.

Logo após essas indagações, o cliente fornecerá dicas para você sentir o momento certo de fechar a venda. Existem alguns tipos de sinais que podem indicar o quanto o cliente está propenso a comprar. Quando perceber esses sinais, comece a finalizar a venda.

Sinais não verbais:
- Fazer anotações sobre o produto ou tirar foto (quer comprar);
- Olhar cuidadosamente o produto apresentado (quer comprar);
- Balançar a cabeça (dependendo do movimento da cabeça, é compra ou não);
- Aproximar-se para ver de perto (o vendedor não pode chamar o cliente, ele deve vir por espontânea vontade). Exemplo: esta mesa tem um detalhe especial em cinza metálico nas bordas. Se o cliente se deslocar até a mesa para observar de perto, significa que quer comprar. A mesma coisa acontece quando você está apresentando um projeto na mesa do escritório do seu cliente e ele está com uma cadeira reclinável, se ele for para frente para ver de perto, quer comprar; se reclinar a cadeira para trás, não quer comprar;

- Usar a calculadora (verificar se vai caber no orçamento) (quer comprar);
- Olhar para o relógio (está com pressa, precisa finalizar logo a explanação) (provavelmente não vai comprar);
- Olhar distraído (as coisas que você está falando estão entediantes, não despertaram o interesse do cliente: ou você fala algo extraordinário para chamar a atenção dele, ou sua venda estará perdida).

Sinais verbais de compra:

Quando o cliente começa a fazer muitas perguntas sobre o produto, é sinal de que ele está interessado; do contrário, não perderia seu tempo. Seguem alguns sinais de compra:

- Respostas afirmativas;
- Pergunta sobre condição de pagamento;
- Quer saber sobre prazo de entrega.

Quanto mais perguntas o cliente fizer, mais interessado ele está. Então fique feliz quando ele começar a fazer perguntas.

Vamos voltar agora a falar sobre técnica de fechamento.

Fechamento agressivo

Uma das técnicas mais fantásticas que existem. Essa técnica busca saber do cliente a real objeção, o que não está permitindo que ele compre o produto naquele instante.

A tendência das pessoas é inventar desculpas para se livrar dos vendedores. As justificativas mais simples até as mais bem elaboradas: "Preciso falar com meu marido", "estou só olhando", "depois eu volto para comprar". Todas essas frases são desculpas e você precisa saber o motivo real que está impedindo de comprar; do contrário, não vai adiantar argumentar com coisas que não são reais.

Quando ele estiver em dúvida e sinalizar que não quer fechar, use esta pergunta que vai abrir muitas possibilidades: "o que o impede de fechar agora?"

Dessa forma, o cliente dará a real objeção que não o permite realizar a compra nesse momento, dando ao vendedor a oportunidade de argumentar.

Na maioria dos casos, a questão é que ele está sem dinheiro. Caso sua loja venda a crediário, você pode dizer o seguinte: se é só esse o problema, me empreste os seus documentos para fazer o seu cadastro na loja e possa comprar sem entrada. Resolvido. Venda realizada.

Certa vez uma aluna de vendas muito inteligente começou a utilizar a técnica na empresa de curso de inglês em que trabalhava. Quando o cliente entrava e ela fazia a abordagem, o cliente colocava várias desculpas para não fazer o curso. Então ela utilizou a técnica.

Vendedora: João, posso te fazer uma pergunta?

Cliente: Sim, claro.

Vendedora: O que realmente te impede de fechar agora?

Cliente: Na verdade, estou sem tempo para fazer o curso, tem dias que trabalho até mais tarde.

Vendedora: É só esse o motivo?

Cliente: Sim. Esse é o motivo.

Vendedora: Então está resolvido, os nossos cursos têm flexibilidade de horários. Se o senhor não puder vir pela manhã, pode vir à tarde ou à noite. Se não puder em nenhum dos horários, enviaremos uma aula superdinâmica do nosso portal para que não perca nenhum conteúdo.

Cliente: Se é assim, então está fechado.

Técnica do prazo maior

A maioria dos vendedores perde a venda porque entrega tudo que tem. Exemplo: um cliente vai a sua loja e prova um vestido, gosta, chega a falar que ficou muito bonito e confortável. Pergunta o valor. Você responde R$ 300,00. Observando os sinais não verbais, percebe que ele achou caro. Então você recorre ao artifício do parcelamento: parcelo em três vezes sem juros. O cliente faz a conta: R$ 100,00 por mês fica pesado para o meu orçamento. Imediatamente você avisa que pode parcelar em quatro vezes. O cliente mais uma vez faz a conta e informa: R$ 75,00 por mês fica pesado. O vendedor imediatamente diz: infelizmente só posso parcelar em quatro vezes. A venda é perdida naquele momento.

Por que o vendedor perdeu a venda? Justamente porque entregou tudo.

Como havia dito no início do parágrafo, nunca deve entregar tudo que tem; do contrário, você vai perder a negociação. Como ele deveria ter procedido? Veja o diálogo correto.

Cliente: Gostei muito do vestido, qual o valor?

Vendedor: Este vestido, com todas as qualidades que havia informado, fica por apenas R$ 300,00.

Cliente: Consegue parcelar?

Vendedor: Parcelo para você em três vezes sem juros.

Cliente: Nossa! Fica pesado no orçamento.

Vendedor: Infelizmente não tenho como parcelar em mais vezes, mas posso tentar. Vou conversar com o gerente. Antes preciso confirmar contigo: se eu lhe conceder um prazo maior, o(a) senhor(a) fecha comigo agora? Nesse caso, o parcelamento em quatro vezes.

Dessa forma, o/a cliente, que foi informado/a que não existe mais parcelas, o desafiará.

Você vai conversar com o gerente e volta com a informação de que conseguiu parcelar em mais vezes. Venda realizada.

Importante: essa quarta parcela tem que ser extraordinária mesmo, só conceder em último caso, para não perder a venda. O vendedor sempre deve ter uma carta na manga.

O argumento utilizado tenta impedir a solicitação de desconto, bem como não permite que o cliente faça mais questionamentos. Faz com que ele ache vantajoso fechar o quanto antes.

Técnica do fechamento alternativo

Essa técnica é a mais comum, porém muitos vendedores não a utilizam e recebem um NÃO já no início da conversa e ficam sem saber o que fazer. Para evitar esse não, utilize perguntas abertas.

Esse é um grande problema dos vendedores, não saber finalizar uma venda. Por mais que o cliente diga que gostou do produto, mesmo assim ainda existe a possibilidade de perder a venda, e isso é até comum, porque o vendedor utiliza a trágica frase de fechamento: e aí, vai levar? Toda vez que o vendedor fala essa frase, aparece no cérebro do cliente duas opções: SIM e NÃO (agora ele tem 50% de chance de perder a venda). E como o não é mais poderoso, a resposta mais provável será – NÃO.

Você deve estar se perguntando: o que devo fazer?

Tenho um exemplo de uma situação em que aconteceu isso. Em um determinado final de semana, estávamos eu e um amigo em casa conversando e minha esposa perguntou para o meu amigo: aceita um suco? E a resposta natural foi NÃO. Justamente reforçando aquilo que já falei, quando você tem duas opções, sim e não, essa é a mais provável.

Minutos depois, eu fiz uma abordagem diferente: aceita um suco de maracujá ou de caju. Imediatamente apareceram as duas opções que eu queria e ele não teve a opção NÃO. Respondeu: "pode ser de maracujá".

Isso não é manipulação, é influenciar para que a pessoa escolha uma das opções que você quer. Se você quer que seu namorado saia com você à noite, não diga: vamos sair hoje à noite. Diga:

- Vamos sair às 19h ou às 20h?
- Vamos à pizzaria X ou à Y?

Fazendo essas formulações de frases, terá mais sucesso.

Mais exemplos:

- "Vai levar a camisa branca ou vermelha?"
- "Vai levar à vista ou a prazo?"
- "O senhor vai levar agora ou prefere que entregue?"

Perceba que essas perguntas impossibilitam que o cliente responda NÃO.

Técnica de fechamento pelo medo da perda

Essa é uma técnica que está na lista dos principais "gatilhos mentais", que tem o poder de fazer com que a pessoa decida na hora de realizar a compra por medo de perder o produto. Exemplo:

- "Sei que o senhor está dando uma olhada, mas tenho o dever de lhe informar que esta é a última peça da loja e não sei quando teremos outra igual."
- "Infelizmente este desconto e condição de pagamento são só até hoje, amanhã não posso garantir mais esta promoção."

Você pode observar que essas técnicas são utilizadas por companhias aéreas. Quando consultado por determinado voo, a tela ficará piscando informando que restam poucas unidades de assentos que você procura. A mesma coisa acontece quando você procura por estada em hotéis: "temos apenas mais duas vagas".

Inevitavelmente você acelera a decisão, por ter o risco de ficar sem vagas naquele hotel ou assentos no voo que quer.

Fechamento rápido

Se após todo o processo de argumentação e explicação dos benefícios ao cliente você sentir que ele está indeciso e não fala que vai levar o produto, a única saída é proceder da seguinte forma:

- "Já expliquei tudo sobre o nosso produto. Para finalizarmos a compra, basta que o senhor assine aqui. Enquanto o senhor lê o contrato, por gentileza, forneça os seus documentos para que faça as cópias. Muito obrigado, já volto!"

Certa vez tive um aluno que sofria muito por não saber encerrar a venda, e o cliente ficava por muito tempo sentado conversando, algumas vezes, até o meio-dia. Utilizando essa técnica de fechamento rápido, ele conseguiu aumentar em quatro vezes o número de vendas.

Fechamento adicional

Essa técnica vai aumentar suas vendas de forma extraordinária, desde que preste bastante atenção e utilize da forma correta.

Geralmente quando um cliente decide pela compra de um produto, o vendedor utiliza a segunda pior frase que poderia formular: "mais alguma coisa?". A resposta, como você já viu nas técnicas anteriores, será NÃO.

Esse é o grande erro dos vendedores, que faz com que continuem sendo medianos. Certa vez, como de costume, passando em uma padaria, pedi novamente os tradicionais pães e, como ocorre nesse estabelecimento e na maioria das empresas, ela fez a maldita pergunta: "mais alguma coisa?". A resposta você já sabe qual foi.

Na intenção de ajudar, conversei com o dono e decidi fazer um treinamento de dez minutos com as atendentes. Ele concordou, então retornei no final do expediente para aplicar o treinamento que era apenas sobre essa técnica tão poderosa, que fez a padaria aumentar em 50% as vendas. Ensinei que, em vez de perguntar se o cliente queria mais alguma coisa, deveria oferecer:

- Acabou de sair pão de queijo;
- Temos bolos de milho verde e de mandioca, os mais saborosos da cidade.

A reação do cliente é imediatamente observar o produto e, na maioria das vezes, comprar algo mais.

Sempre que tiver a oportunidade de vender outro produto que agregue ao que o cliente está comprando, faça-o. Por exemplo, se você trabalha com roupas e calçados: quando ele comprar um sapato, ofereça meias. Quando comprar um paletó, ofereça camisa social e gravatas que combinem.

E uma coisa importante, nunca pare de oferecer, só quando o cliente disser: "chega". Agora, sim, você para.

Nos Estados Unidos, foi feito um teste científico que comprova que o vendedor tem medo de oferecer produtos e, quando chega a uma determinada quantidade, ele para de oferecer e fecha a conta.

Nesse estudo, pegaram quatro clientes e entregaram cartões de crédito. Eles poderiam comprar só se os vendedores oferecessem. E foi exatamente isso que aconteceu, o vendedor que mais ofereceu chegou a quatro produtos; depois, por medo, fechou a venda.

Não cometa esse mesmo erro e venda mais. Você pode ganhar mais no adicional do que no principal.

Técnica de fechamento por meio de garantias

Essa técnica é muito poderosa, pois deixa o cliente mais confiante de que o seu produto é bom, pois você está oferecendo a garantia de que, se o cliente não gostar, poderá devolver o produto e terá o dinheiro de volta.

Um exemplo muito claro disso é quando um cliente, por medo de comprar um brinco, faz a pergunta: "este brinco fica preto se molhar?". Para garantir a venda, o vendedor precisa dar garantia.

"Este brinco é folheado a ouro, pode molhar tranquilamente que não enferruja. Caso fique preto, traga que eu troco." A venda só acontece após a garantia.

Mas que fique claro, a garantia deve ser verdadeira. Caso o produto apresente problema, realize a troca.

Não seja insistente, seja persistente

Às vezes, as pessoas confundem muito essas palavras: insistir e persistir. Vamos debater um pouco sobre elas. As pessoas insistentes são aquelas que, mesmo depois de terem recebido um NÃO do cliente, continuam a incomodar e acabam sendo inconvenientes e criam apatia. Dificilmente esse cliente comprará com esse vendedor.

- **Persistente** – é o vendedor que persiste na venda, mesmo que o cliente diga que vai pensar e pede para o vendedor retornar outro dia, sugerindo que aquele não é um bom momento para negociar. Ele retorna no dia certo e na hora marcada e, mesmo que não seja atendido, retorna no dia seguinte até o dia em que consiga conversar com o interessado, que ficará satisfeito pela persistência desse vendedor que aguardou o melhor momento para vender e não desistiu, apesar das adversidades.

Seguem quatro passos segundo definição de Napoleon Hill, no livro *A lei do triunfo*, sobre como desenvolver a persistência:

1. Propósito definido, apoiado em ardente desejo de realização;
2. Plano definido, expresso em ação contínua;
3. Mente impermeável a influências negativas ou desencorajadoras, inclusive sugestões desfavoráveis de parentes, amigos e conhecidos;
4. Aliança amigável com uma ou mais pessoas capazes de oferecer estímulo para levar adiante o plano e o propósito.

Segundo Napoleon Hill, "esses quatro passos são essenciais em todos os setores da vida", e no mundo das vendas não é diferente. Para quem quer ter sucesso, é necessário seguir esses passos fundamentais.

Tenha um propósito. Monte um plano. Escreva a história da sua vida, como um roteiro, dando a direção para onde você deve seguir (importante voltar à página que fala sobre o Método SMART – para desenvolvimento de metas).

Tenha sua mente impermeável às influências negativas e desencorajadoras. Constantemente sofremos com pessoas próximas que tentam influenciar negativamente. Blinde-se contra elas ou simplesmente se afaste. Se você quer voar alto como as águias e tem um peso no seu pescoço, dificilmente conseguirá.

Esteja próximo a pessoas que pensam como você, isso vai estimulá-lo e impulsioná-lo a voar ainda mais alto.

Siga esses passos e tenha cada vez mais sucesso.

> "Quem fizer um estudo imparcial de profetas, filósofos, místicos e líderes religiosos do passado vai chegar à inevitável conclusão de que persistência, concentração de esforços e definição de propósito foram as bases principais de suas realizações."
> **Napoleon Hill**

LEI DO CONTRASTE

O cérebro humano tende a fazer comparações, por isso essa estratégia, que também é um gatilho mental poderoso, funciona tão bem. Quando vamos às compras e nos deparamos com um produto com um preço alto, logo em seguida entramos em outra loja e o mesmo produto está custando um pouco menos, e chegamos à conclusão de que na segunda loja está barato, correto? Justamente por fazermos o contraste no cérebro.

No livro *Armas da persuasão*, de Robert Cialdini, ele conta a história de um adolescente que aborda as pessoas nos cruzamentos dos semáforos nos Estados Unidos e oferece um ingresso de 30,00 dólares. Quase sempre, ele recebe a resposta NÃO. Então ele utiliza a técnica chamada REJEIÇÃO SEGUIDA DE RECUO e oferece um chocolate no valor de um dólar. Dessa forma, a pessoa percebe que o adolescente fez uma concessão, deixando de oferecer o ingresso e oferecendo algo mais barato, o que leva a pessoa a comprar o chocolate. Essa técnica também utiliza outro gatilho mental, o da reciprocidade. No final do livro, entregamos uma série de gatilhos para ajudá-lo a vender ainda mais.

Desde o início, o jovem estava querendo vender o chocolate, utilizou o ingresso apenas para fazer esse contraste.

O mesmo acontece quando enxergamos o mesmo produto, porém com características diferentes, por exemplo.

Ao chegarmos a uma loja que vende relógios, vemos na vitrine vários relógios imponentes. Ao entrar no estabelecimento, geralmente o vendedor começa a mostrar o relógio mais caro, R$ 1.500,00; em seguida, o segundo mais caro, R$ 990,00; e assim, sucessivamente. Quando ele chegar ao relógio que custa R$ 299,00, você terá a impressão de que aquele relógio está barato, e a tendência é comprá-lo de imediato.

Se ele fizesse o inverso, com certeza você não teria comprado o relógio, pois acharia o relógio de R$ 299,00 caro, tendo em vista que não teria nenhum outro mais barato para fazer a comparação.

Lembre-se de que o cérebro sempre faz comparações. Por isso, comece sempre mostrando a peça mais cara da loja e terá sucesso nas vendas.

FRACIONE O VALOR

Uma técnica que faz com que as pessoas pensem diferentemente e enxerguem o preço de outra forma é o fracionamento do valor. Essa técnica é muito usada por empresa de telefonia, TV por assinatura, plano de saúde, e funciona muito bem. A maioria das pessoas tenta enxergar apenas a fração, e não o valor total.

Daremos um exemplo para ficar mais claro como essa técnica funciona, tendo por base a venda de plano de saúde.

Um vendedor visita uma residência com quatro pessoas, sendo dois adultos e duas crianças. Ele oferece o plano de saúde, falando das suas vantagens, atendimento especializado em várias áreas, inclusive pediatria para as crianças, atendimento odontológico e uma infinidade de benefícios. O chefe da casa logo pergunta o valor que terá que pagar pelo plano. O vendedor é direto:

— R$ 238,80 por mês.

Senhor Cláudio, chefe da casa, logo reclama:

— Está muito caro.

O vendedor já esperava essa resposta, então saca uma folha em branco da pasta e faz a seguinte conta:

— Senhor Cláudio, aqui temos quatro pessoas na casa. Com esse plano, o senhor garantirá a saúde dos seus filhos, podendo fazer consultas periódicas e terá segurança e tranquilidade, pagando apenas R$ 1,99 por dia. A saúde de seu filho não vale R$ 1,99 por dia?

Cláudio retruca:

— Não entendi. R$ 1,99 por dia?

O vendedor explica:

— Sim, senhor Cláudio. Se dividirmos R$ 238,8 por quatro, vai dar R$ 59,70, e se dividirmos este valor pelos 30 dias do mês, teremos o valor de R$ 1,99 por dia. Veja como é vantajoso.

O vendedor tira o contrato da pasta e pede para o senhor Cláudio assinar, e ele assina sem nenhuma indagação, pois teve a percepção que realmente ficou barato quando observado por esse ângulo de visão.

Funciona muito bem. As empresas usam a técnica de falar apenas o valor da parcela, sem falar o valor total do produto. Com isso, o comprador só foca na fração da parcela e esquece o valor total do produto. Por isso, quanto maior o número de parcelas, fica mais fácil de realizar a venda.

HISTÓRIA DO MELHOR VENDEDOR DO MUNDO

Apresento a você uma pessoa que, para muitos, até os seus 35 anos de idade não passava de um vendedor comum, que não se diferenciava dos seus concorrentes. Em um momento da vida, ele decidiu assumir a postura de vendedor e se dedicar de corpo e alma a uma função sólida e que traz muitos resultados. Estou falando de Joe Girard, mais conhecido com Tio Joe – eleito em 1997 como o melhor vendedor do mundo pelo *Guinness Book* (Livro dos Recordes). Veja por quê.

Joe Girard nasceu na cidade de Detroit, Michigan, nos Estados Unidos, no ano de 1928, teve uma infância pobre e se viu obrigado a trabalhar muito cedo. Aos nove anos, Joe entregava jornais para o *Detroit Free Press*. E logo mais, aos 11 anos, decidiu trabalhar por contra própria como engraxate de sapatos nas ruas dos Estados Unidos.

Aos 35 anos, Joe tomou a decisão que mudaria sua vida. Decidiu vender carros. Entrou em um estande onde vendia carros em Detroit e pediu o emprego de vendedor, chegou a ponto de implorar para que lhe dessem uma oportunidade. O gerente não queria aceitá-lo. Girard então fez uma proposta: só ganharia pelos clientes que ele trouxesse de fora do estande, assim não poderia vender para os clientes que fossem diretamente à concessionária.

Ele teve que criar uma estratégia diferente para trazer clientes para a loja. Decidiu fazer telefonemas que culminariam na sua primeira venda. No mês seguinte, ele vendeu 18 carros (um vendedor mediano, nos tempos atuais, vende em média, quatro a oito carros por mês) e mesmo assim foi despedido. Isso porque seus colegas de trabalho reclamavam que ele era muito agressivo com os clientes e que isso seria prejudicial para a empresa.

Porém isso não o impediu de continuar. Foi trabalhar para outro estande de vendas representante da marca Chevrolet, em Eastpointe, Michigan.

Veja alguns recordes do Tio Joe:

- Vendeu 18 carros em um dia;
- Vendeu 174 carros em um mês;
- Vendeu mais de 1.425 carros em um ano;
- Vendeu 13.001 carros em 15 anos (entre os anos de 1963 e 1978).

O que ele fez para vender sempre mais? Ele executava muito bem o pós-venda. Joe tinha uma frase: "quando o cliente compra, é nesse momento que a venda começa". Com esse pensamento, ele sempre mantinha contato com o seu cliente e ficava vivo na lembrança dele. Ligava para saber se estava satisfeito com o carro e, se não tivesse, rapidamente resolvia o problema e o cliente ficava extremamente contente. O que acontece é que os vendedores têm medo de ligar para os clientes e ouvir que não estão satisfeitos. Digo-lhe com convicção e experiência, é melhor ligar, ouvir reclamação e resolver do que não ouvir e perder o cliente para sempre.

Veja algumas técnicas simples usadas e que trouxeram muito resultado:

- Ele deixava os cartões de visita em todos os locais por onde passava;

- Distribuía um cartão de visita a todas as pessoas que compravam um carro e dizia que, caso essa pessoa o indicasse como vendedor e ele ganhasse a venda, daria 50 dólares de oferta.

A lei dos 250

Joe criou a lei dos 250, publicada no seu livro *Como vender qualquer coisa a qualquer um*. Ele explica que uma pessoa basicamente se relaciona em média com 250 pessoas ao longo da vida. Ele chegou a essa conclusão após observar que, durante o velório da mãe de um amigo, o dono de uma funerária distribuía cartões para a missa de sétimo dia.

Rapidamente Joe foi perguntar ao proprietário como ele sabia a quantidade de cartões que devia fazer. Explicou que devido à observação ao longo da sua trajetória, percebeu que em média, eram registradas 250 assinaturas a cada velório. Joe pesquisou com outros donos de funerária que eram seus clientes, e a média era a mesma.

Para confirmar a sua teoria de que em média as pessoas têm proximidade com 250 pessoas, ele procurou donos de bufês que organizam casamentos, e novamente a média de convidados era a mesma.

Ele então formulou a sua regra e fortificou o seu atendimento, sabendo que um atendimento ruim ou insatisfatório para um indivíduo pode acabar com as chances de vender para centenas de pessoas. Imagine hoje com o poder da internet, como pode ser potencializada a comunicação negativa em relação a você ou sua empresa. Faça o melhor atendimento para que as informações repassadas pelo seu cliente sejam positivas.

Cartões personalizados

Outra técnica utilizada por Girard era enviar mensagens personalizadas para todas as pessoas que compravam os seus carros.

Para ele, como já dito anteriormente, a venda começa após o cliente assinar o contrato, e não antes.

Enviava cartões de feliz aniversário para os seus clientes descrevendo mais ou menos assim:

"Feliz Aniversário, que você seja muito feliz!" – Tio Joe

Quando o seu cliente recebia o cartão e lia, lembrava-se de Joe e sabia que Joe lembrou dele.

Ele fazia mais, enviava também para o filho do cliente de apenas oito anos:

"Olá, pequeno Peter Junior, parabéns e muitas felicidades. Tenho certeza de que, quando crescer, será como seu pai, um homem de muito sucesso! Um forte abraço do Tio Joe."

Quando o pequeno Peter cresceu, tirou sua habilitação e foi comprar o seu primeiro carro. Com quem você acha que ele comprou? Já que ao longo de dez anos de sua vida recebendo cartões de aniversário, assinados por Joe.

A resposta é óbvia: Tio Joe. E dessa forma, estreitando relações e trabalhando muito bem o pós-venda, de forma organizada, e sem o auxílio de ferramentas modernas como temos hoje, ele deixou de ser um vendedor mediano para se tornar o maior vendedor do mundo.

Foi fácil? Não.

Você pode chegar à sua empresa e pedir ao computador para fornecer os nomes dos clientes que fazem aniversário, e encontrará uma lista, ou até mesmo programar o computador para que faça o envio personalizado com o nome da loja e o nome do vendedor.

Joe fazia de forma artesanal, utilizando uma máquina de escrever, controlando as datas de aniversário por meio de um fichário. Com o tempo, ele teve que contratar assessores para ajudá-lo.

Joe Girard faleceu no dia 28 de fevereiro de 2019 (aos 90 anos) devido a complicações decorrentes de uma queda, deixando seus livros como seu legado para as novas gerações de vendedores apaixonados pelo seu ofício.

É necessário muita dedicação e esforço para conseguir atingir o objetivo. Lembre-se, de que, para ter sucesso, é preciso apenas fazer o que precisa ser feito. O problema é que poucos estão dispostos a acordar cedo, dormir tarde e dedicar-se inteiramente ao trabalho. Pois só dessa forma terá sucesso em sua atividade profissional.

Joe se tornou milionário vendendo carros. Muitas pessoas acreditavam que ele era dono da concessionária ou executivo da General Motors. Na verdade, sua fortuna foi construída unicamente vendendo carros, estreitando relações com os seus clientes e deixando-os satisfeitos com as suas aquisições.

Ao longo das páginas deste livro, trabalharemos com informações relevantes que levarão você de um ponto a outro, potencializando suas habilidades e minimizando suas deficiências.

CONHECENDO O PERFIL COMPORTAMENTAL

Perfil comportamental

Quando for realizar uma negociação, antes de tudo se deve conhecer o perfil de cada cliente. Algumas técnicas podem não funcionar com algumas pessoas, por isso é preciso ficar atento e não repetir a mesma técnica para um perfil de cliente que você já percebeu que não comprará.

Para Costacurta Junqueira, é possível identificar o estilo predominante do negociador utilizando a análise de características do comportamento dominante, condescendente, informal e formal, por meio dos quatro estilos: controlador, catalisador, apoiador e analítico.

Falaremos um pouco de cada um dos perfis comportamentais para que você possa aplicar com mais perfeição as técnicas apresentadas.

Esse estudo correlacionado foi realizado por Luiz Augusto Costacurta Junqueira, baseado no "pai" da Psicologia Analítica, Carl Jung.

Para ficar ainda mais fácil de identificar, detalharei o que significa ser formal, informal, dominante e condescendente.

- **Formal:** significa que o negociador é muito sério e não aceita brincadeiras.
- **Informal:** o negociador já é flexível e aceita quebras de protocolos.

- **Dominante:** quando o negociador tem costume de impor suas ideias, muitas vezes até de forma autoritária.
- **Condescendente:** quando o negociador não confronta situações, tendo um perfil extremamente flexível e afável, pois ele é da turma do "deixa pra lá".

Na página seguinte, faremos um exercício para identificar o seu perfil comportamental.

Orientações

Para fazer o exercício e descobrir qual o seu perfil comportamental, acesse o perfil no Instagram: @livrovendamaisagora ou canal TV Venda Mais no YouTube e procure o vídeo sobre perfil comportamental. No Instagram, o *link* para acesso ao YouTube está na bio.

Responda de acordo com as orientações do vídeo.

Habilidades comportamentais: estilos de comportamento

Tabela 1 - Dominante / Condescendente

Características do comportamento Dominante		Características do comportamento Condescendente	
Rápido		Paciente	
Competitivo		Não competitivo	
Ostensivo		Reservado	
Toma iniciativa		Espera ser solicitado	
Busca		Evita	
Ativo		Reativo	
Dominante		Complacente	
Forte		Suave	
Categórico		Ponderado	
Age		Reflete	
TOTAL		TOTAL	

Tabela 2 - Formal / Informal

Características do comportamento Formal		Características do comportamento Informal	
Metódico		Impulsivo	
Retraído		Descontraído	
Autocontrolado		Espontâneo	
Distante		Acessível	
Realista		Sonhador	
Difícil de Conhecer		Fácil de Conhecer	
Voltado para si		Voltado para fora	
Oculta Sentimentos		Expressa Sentimentos	
Frio		Caloroso	
TOTAL		TOTAL	

Gráfico para lançar o resultado do perfil comportamental

INFORMAL

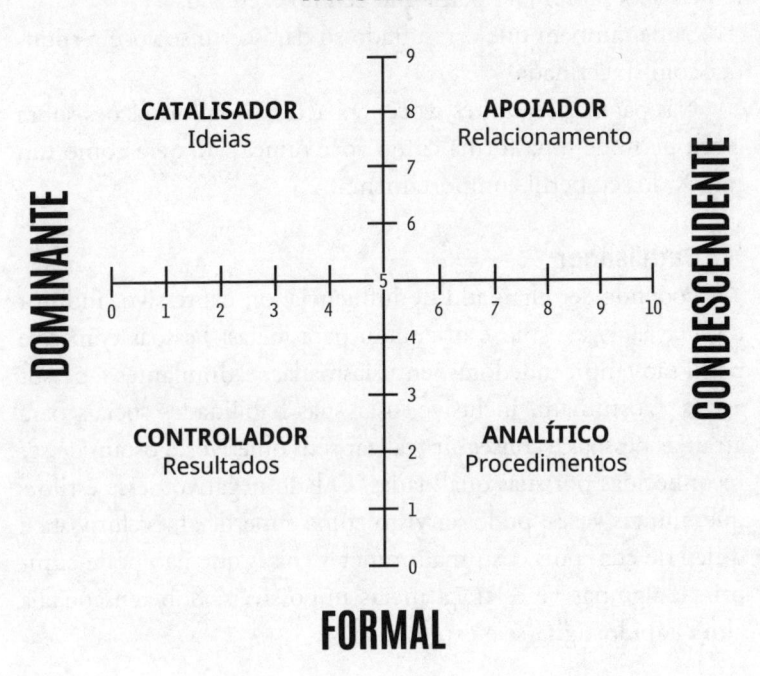

DOMINANTE

CATALISADOR
Ideias

APOIADOR
Relacionamento

CONDESCENDENTE

CONTROLADOR
Resultados

ANALÍTICO
Procedimentos

FORMAL

RESULTADO DA TABELA 1: ☐

RESULTADO DA TABELA 2: ☐

Nesse momento você já tem claramente qual o seu resultado e característica do seu perfil. É importante destacar também que, mesmo o seu resultado tendo dado (catalisador, apoiador, controlador ou analítico), não quer dizer que você não tenha um pouco da outra característica. Quanto maior for o seu quadrado, menos você terá das outras características. Mas a sua predominância será sempre no perfil que deu no exercício.

Saiba também que o resultado só dará certo se você responder com sinceridade.

Nas páginas seguintes, você terá acesso às informações sobre o seu perfil de uma forma como você nunca viu. Será como um raio X do seu perfil comportamental.

Catalisador

Podendo ser chamado de influenciador, expressivo, indutor e sociável. Esse estilo é orientado para ideias. Pessoas com esse perfil são empreendedoras, entusiasmadas, estimulantes e persuasivas. Costumam, inclusive, usar suas habilidades sociais para atrair as pessoas e conseguir realizar seus objetivos, gostam de ser reconhecidas por suas qualidades. O lado negativo desse estilo é que, muitas vezes, pode ser visto como superficial, exclusivista e difícil de crer, pois costuma prometer coisas que não pode cumprir, e algumas vezes traça metas impossíveis. Sob tensão, fala alto e rápido, agita-se e explode.

- **Observação:** esse estilo tem a junção entre informal e dominante. Ele é orientado por ideias e tem a necessidade de ser reconhecido.
- **Cuidados a serem tomados:** esse estilo gosta de exclusividade.
- **Como identificar?** Esse estilo gosta de conversar, falar sobre sua vida e suas realizações.

Apoiador

Também conhecido por cordial, afável e estável. Esse estilo está voltado para relacionamentos. É visto como uma pessoa amável, compreensiva, boa ouvinte, prestativa, que sabe trabalhar em equipe, gosta de dar apoio às outras pessoas, é leal e de confiança. Não gosta de ferir nem magoar os outros. Pessoas com esse perfil gostam de receber atenção e apreciam ser aceitas pelos outros. Por outro lado, muitas vezes o apoiador pode ser encarado como dissimulado, porque perde tempo e evita conflitos. Pode apresentar dificuldade para dizer não e dizer o que realmente pensa. Isso pode dar a impressão de que está sendo "levado na conversa". Porém, sob tensão, concorda, mas depois não cumpre. Pode apresentar resistência passiva ou não se manifestar.

- **Observação:** esse estilo tem a junção entre informal e condescendente. Ele gosta de relacionamentos, tendo grande necessidade de associar-se a outras pessoas.
- **Riscos:** sob pressão, concorda, mas depois pode desistir.
- **Como identificar?** Esse estilo gosta de escutar pacientemente o que você diz com a intenção de não o interromper ou ofendê-lo.

Controlador

Também conhecido como dirigente, diretivo e realizador. Geralmente são pessoas decididas, eficientes, responsáveis, rápidas e objetivas, que assumem riscos calculados. Valorizam os resultados e o cumprimento de metas, não se importando com os outros. Muitas vezes são vistas como insensíveis, impacientes e "mandonas". Quando submetidas à tensão, costumam ameaçar e tornam-se tirânicas. Pessoas com esse perfil precisam aprender a conviver com as diferenças individuais, sem fazer prejulgamentos. Precisam aprender a agir com mais naturalidade e escutar os outros.

- **Observação:** junção entre formal e dominante. Ele é focado em resultados e tem extrema necessidade de realização.
- **Cuidados:** controladores têm dificuldades de lidar com a individualidade. Seguem o que pensam, dificilmente são convencidos do contrário.
- **Como identificar?** Esse estilo utiliza expressões como "ok. Do que se trata?", geralmente vai direto ao ponto, sem rodeios.

Analítico

Também denominado metódico, complacente e escrupuloso. Geralmente, são pessoas sérias, organizadas, pacientes, cuidadosas e controladas, com alta capacidade crítica. Gostam de estar a par do que acontece, procuram se apropriar dos detalhes, conhecem o trabalho e procuram aprofundar o conhecimento se especializando. Têm habilidade para avaliar pessoas e situações. Estão voltadas para procedimentos. Costumam tomar decisões somente depois de sentirem-se plenamente seguras e com garantias de que vão ter sucesso. Por outro lado, podem ser vistas como detalhistas, teimosas e pessoas que escondem o jogo, não revelando informações relevantes que possuem. Podem ser tachadas de indecisas e procrastinadoras, pois adiam as decisões na esperança de fazer melhor e com mais segurança. Quando submetidas à tensão, calam-se e se retiram.

- **Observação:** junção entre formal e condescendente. Ele é focado em procedimentos. Necessita de segurança em tudo que faz.
- **Como identificar?** Esse estilo prefere escutar detalhes sobre o produto / serviço que você está oferecendo.

Recomendo que leia e releia várias vezes o seu perfil e também leia o do outro, para saber lidar da melhor forma com os diferentes clientes.

DETERMINAÇÃO PARA SAIR E VENDER (LEI DAS MÉDIAS)

Tudo que foi dito até o presente momento é importante para que a venda seja concretizada. Todas as técnicas e ferramentas apresentadas devem ser seguidas. Mas um ponto precisa ficar muito claro antes do final deste curso: a venda só acontecerá se o vendedor for determinado e incansável na busca do seu objetivo. Não se deixe abalar por alguns nãos. Faz parte das vendas. Não falarei sobre números ou estatísticas, pois não possuo de todos os produtos e segmentos, mas uma coisa é certa: todos possuem média de venda por visitas realizadas, veja o exemplo a seguir com atenção.

Usaremos o exemplo de um vendedor de consórcio:

Visitas do mês de julho – Vendedor Paulo Roberto			
Visitou	Vendeu	Venda não aconteceu	Solicitou retorno
100	20	60	20

Os pontos importantes dessa tabela são as colunas um e dois: o vendedor Paulo Roberto visitou 100 clientes e conseguiu vender para 20, isso significa que a cada cinco pessoas que ele visita, realiza uma venda. Agora já sabe qual a média dele, e isso auxilia de duas formas.

1. Agora Paulo não desmotiva mais, porque quando atende um cliente que diz não, ele sabe que está cada vez mais perto de o sim acontecer, atende o próximo, que também dá resposta negativa, ainda mais perto do sim, até que completa o quinto cliente e a venda vai acontecer.
2. Analisando esses dados, podemos perceber que a venda é baseada em números, e que depende de vendedor para vendedor, mas uma questão não pode ser negada: quando se aplica a técnica e faz as visitas, as vendas acontecem.

Paulo Roberto vendeu em 20% de suas visitas, isso quer dizer que, se ele conseguisse fazer 200 visitas por semana, teria vendido para 40 pessoas, em vez de 20. Isso mostra que o esforço dá resultado e que as estatísticas provam que, quanto mais visitas, mais resultados você terá.

No exemplo de Paulo Roberto, podemos dizer que a cada cinco pessoas que visitou, ele conseguiu vender um produto. Para chegar a esse número, basta dividir o número de visitas pelo número de vendas concretizadas: 100 / 20 = 5.

Você pode pensar também em questão de valores, o que pode auxiliar a enxergar o poder desse método. Se Paulo Roberto visita 100 pessoas por mês e vende para 20, ele recebe um salário mínimo no final do mês. E se ele quisesse ganhar dois salários, o que ele deveria fazer? Simples. Deveria visitar 200 pessoas e teria o valor que aspirava. Você deve estar se perguntando: não teria como ele continuar visitando 100 e vender para 40? Sim, seria possível, ele deveria investir em argumentação de venda e respostas às objeções, conhecer ainda mais os seus produtos, fazer uma análise do que falhou até o momento. Indico também para que faça um bom treinamento de vendas. Sem dúvida, pode melhorar sua média de vendedor.

Preparamos uma tabela para que comprove o que estamos apresentando e descubra você mesmo o poder das visitas, saiba também como projetar seus ganhos e manter-se motivado sempre.

Dia do mês	Número de visitas	Venda aconteceu	Venda não aconteceu	Solicitou retorno
1				
2				
3				
4				
5				
6				
7				
8				
9				
10				
11				
12				
13				
14				
15				
16				
17				
18				
19				
20				
21				
22				
23				
24				
25				
26				
27				
28				
29				
30				
31				
Resultado final				

GATILHOS MENTAIS

Antes de começar, gostaria de explicar o que são gatilhos mentais. Gosto de falar de forma simples e direta. Quando você fala um gatilho mental, dispara dentro da mente das pessoas a decisão de compra. São estímulos que agem diretamente no cérebro. Também podemos dizer que são atalhos que o próprio cérebro cria para economizar energia e reagir a cada situação como uma determinada programação. Existem centenas de gatilhos mentais, vamos ver nesse curso 13 gatilhos, começando agora. Prepare-se para descobrir grandes segredos utilizados pelos melhores vendedores.

Escassez

As pessoas, no geral, costumam dar mais valor àquilo que é escasso e difícil de conseguir. Sempre que houver poucos produtos à venda, será decidido mais rápido por medo de perder a oportunidade. Exemplo: vagas limitadas; os primeiros dez ganharão desconto de 20%.

Um exemplo: você atende uma cliente que entrou na sua loja porque viu uma bolsa exposta na vitrine e ficou muito interessada, porém disse que não compraria naquele momento, que voltaria depois para pegar a bolsa. No mesmo instante, você informa que aquela é a última unidade e demorará alguns meses para chegar o mesmo produto. O que você acha que vai acontecer?

Exatamente: a cliente decidirá pela compra.

Você já percebeu que, quando vai comprar aquela passagem aérea, fica piscando em vermelho (só temos duas vagas), isso fará com que você tome mais rapidamente a decisão.

A mesma coisa acontece quando você vai fazer reserva em um hotel, a mensagem será a seguinte: temos apenas uma unidade desse apartamento, ou então, no momento, mais três pessoas estão vendo essa mesma oferta. Para não perder a oportunidade, você vai tomar a decisão de fechar naquele momento.

Autoridade

As pessoas respeitam e gostam de estar próximas ou se sentirem próximas de autoridades. A autoridade pode ser gerada com a publicação de um livro especializado em determinado assunto; criação de um negócio presencial ou virtual; enfim, você gera autoridade sempre que estiver em evidência e for referência em determinado nicho de mercado. Quando um dentista aparece na TV afirmando que determinado creme dental é bom e vai deixar seus dentes mais brancos, esse comercial terá mais influência sobre as pessoas porque tem uma autoridade no assunto recomendando o uso do creme.

Se você é vendedor de tênis e aparece alguém na sua loja querendo comprar um tênis da Adidas, e você não tem essa marca, o que você deve fazer? Rapidamente avisar que não trabalha com essa marca e que tem um tênis tão bom como o Adidas.

— Senhor Pedro, esse tênis é para praticar algum esporte?

Se a resposta for:

— É para corrida. Um amigo indicou essa marca.

— Entendo. Não tenho o Adidas, tenho o da Nike, que é muito bom, inclusive os principais corredores do mundo o utilizam (você pode falar os nomes dos corredores e mostrar fotos deles utilizando o tênis, vai reforçar na mente dele).

Ele vai pensar:

— Se os principais corredores do mundo utilizam Nike, deve ser porque é o melhor.

Essa técnica funciona muito bem, porque as pessoas confiam nas autoridades no assunto. Se você não tem, utilize a autoridade de alguém para vender seus produtos e serviços.

Prova social
Sempre que as pessoas estiverem em dúvida sobre um produto, "Comprar ou não comprar?"; "Será que vai trazer esses benefícios que o vendedor informou?" ou "Será que fazendo este curso aprenderei e conseguirei aplicar?". Essas e outras perguntas vêm à mente sempre que estamos em dúvida. A melhor técnica a ser utilizada nesse momento é a prova social, apresentando depoimentos de clientes, sejam escritos, por vídeos ou até mesmo fornecendo o telefone de quem já comprou e aprovou o produto ou serviço; desde que esses clientes tenham autorizado você a passar o contato deles.

A utilização dela é bastante simples, porém muito poderosa. Conforme citei em capítulos anteriores, já aproveitei essa técnica quando vendia um curso no valor de R$ 11.900,00 – sempre carregava comigo uma lista de mais de dez mil nomes e telefones de clientes que fizeram o curso. A pessoa interessada poderia escolher uma página do livro, de forma aleatória, tirar cópia e ligar para certificar que o curso entregava o resultado que prometia. Lembrando que você só pode fazer isso se realmente acreditar no seu produto e se realmente cumprir a função.

Reciprocidade
Esse gatilho mental também tem um poder incrível. Dar brindes, cartões, amostras grátis são excelentes exemplos do uso do gatilho mental "reciprocidade". Sempre que se recebe algo gratuitamente, sente-se a necessidade de retribuição. Então dê sempre algo ou algum conteúdo gratuito para o seu cliente. A tendência é que ele retribua de alguma forma.

Um exemplo muito claro disso é quando você ganha um presente de aniversário surpresa de um amigo, e o aniversário dele também é próximo da data do seu, você tende a dar um presente para essa pessoa no aniversário dela. Isso é automático. É recíproco.

Relação de dor e prazer – é uma motivação básica

Como o seu produto pode ajudar o cliente a se afastar de uma dor ou se aproximar do prazer? É sobre isso que vamos falar agora.

Um estudo mostra que 75% das pessoas compram para fugir da dor e 25% para se aproximar do prazer. Um exemplo muito claro disso é financiamento de uma casa. As pessoas adquirem financiamentos imobiliários para fugir de uma dor que é pagar aluguel. Por isso, o vendedor inicialmente foca em falar da principal dor que o cliente tem: pagar aluguel; em seguida, ele traz a solução: o sonho da casa própria.

Os corretores, geralmente, utilizam o argumento de que a compra do imóvel é vantajosa, já que o comprador pagará uma parcela menor do que o aluguel.

Agora, pense no seu produto, qual a dor que ele soluciona, e qual o prazer que as pessoas terão em adquirir o seu produto ou serviço.

Comprometimento e consistência

As pessoas, de modo geral, gostam de praticar aquilo que pregam. Geralmente, quando um vendedor vai a uma empresa vender um produto e é solicitado pelo dono da empresa que volte na semana seguinte que comprará o produto, retornando o vendedor na data marcada, ele conseguirá fechar negócio. "O senhor me pediu para voltar hoje que compraria o produto, lembra?"

Quando um cliente pedir para voltar mais tarde, ou voltar outro dia, faça com que ele se comprometa. Pergunte: de 0 a 10, qual é a chance do senhor comprar o meu produto assim que retornar? Se ele responder acima de sete, você tem boas chances de vender; caso a resposta seja abaixo de sete, provavelmente a venda não vai acontecer. Quando as chances forem boas, ao chegar à visita, na hora marcada, faça questão de reforçar o compromisso do cliente de comprar o produto.

Credibilidade

Reforce a credibilidade, associe-se a pessoas que, como você, a possuem, use prova social, entrevista, demonstre resultados verídicos, ou melhor, os resultados obtidos por alguém que usou o seu produto ou serviço. Participe de eventos que tragam notoriedade, endossem o seu conhecimento.

Sucesso

Esse gatilho é simples e funciona muito bem, porque as pessoas gostam de ter certeza de que estão comprando no lugar certo. Certa vez estava viajando a trabalho com um grupo de vendedores e avistamos de longe dois restaurantes, lado a lado. Estávamos em dúvida em qual restaurante entrar. O nosso gerente e vendedor mais experiente disse: "vamos entrar no que tem mais pessoas, a comida é melhor".

A mesma coisa acontece quando você vê uma loja com muitas pessoas querendo entrar para comprar, logo imagina que tem algo bom ali, por isso tanta gente querendo ingressar.

Outro fator de sucesso, já pegando outra vertente, é você não ser tão fácil e tão disponível, é a arte de dificultar, sem impossibilitar, por exemplo: "ok. Entendo que o senhor quer esse produto, ou quer fazer a reserva para entrar nesse local, preciso verificar se ainda tem disponibilidade". Isso dá um ar de que é disputado o local ou produto que o cliente quer comprar, por isso nem sempre vai está disponível. A tendência é que ele decida na hora.

Carisma

Desperte nas pessoas a confiança. Sorria no primeiro momento, demonstre que você está aberto à conversa. Pessoas compram mais de quem elas gostam e nas quais confiam. Seja carismático e educado. Dessa forma, as pessoas gostarão de estar com você.

Antecipação

Essa é uma das ferramentas que prendem a atenção das pessoas, principalmente quando elas já são ansiosas. Se você tem um bom produto e antecipa parte desse produto ou serviço, gera nas pessoas a vontade de querer mais. Um bom exemplo disso pode ser um livro. Quando se permite que a pessoa inicie a leitura de parte da obra, um *trailer* de um filme, parte de uma boa música ou petiscos de uma deliciosa comida, esses são exemplos claros de antecipação e demonstração. As assinaturas da Netflix e Amazon dão um mês grátis como degustação. Segundo dados, aproximadamente 90% dos que fazem o teste continuam clientes.

Especificidade

Sempre que for falar de números para o seu cliente, não use números inteiros, eles transmitem a sensação de que não são verdadeiros. Sempre diga: "Consegui vender 58 pares de sapatos iguais a este, só no mês de janeiro", "Publiquei esta foto no meu Facebook e tive 3.521 curtidas".

Multicanal

As pessoas têm a tendência de confiar mais nos produtos que viram mais vezes e no maior número de lugares, por exemplo: televisão, Facebook, jornal, YouTube, rádio, blogues, revistas etc. Por isso é importante manter sua marca em vários canais, para fortalecer e ajudar na decisão de compra do cliente.

Segurança

Dar garantia de qualidade proporciona sentimento de segurança nas pessoas. Exemplo: se não ficar satisfeito, devolvo seu dinheiro. As pessoas geralmente utilizam objeções de compras, e muitas dessas objeções estão relacionadas a não estarem seguras com o que o vendedor está falando ou com o produto. Então uma resposta que proporcione essa segurança fará com que a pessoa tome a decisão de compra.

Cuidados ao utilizar os gatilhos mentais

É importante deixar claro que esses gatilhos mentais devem ser usados para o bem, jamais para ludibriar alguém. Eles são ferramentas de persuasão, e não enganação. Cumpra tudo aquilo que prometer, aja com responsabilidade, seja ético. Quanto mais você entregar benefícios, a médio e longo prazo, estará colhendo coisas boas convertidas em benefícios para sua vida.

COMPROMETA-SE COM O QUE FAZ

Estamos chegando ao fim neste processo de aprendizado, e é necessário saber a diferença entre duas palavras: comprometimento e envolvimento.

Sempre que estiver fazendo algo, não esteja apenas envolvido, esteja comprometido com o que faz. Há uma grande diferença entre estar envolvido e comprometido. O exemplo a seguir exemplifica muito bem.

Você chega a um hotel e se hospeda. Pela manhã, terá um delicioso café da manhã; na mesa, farta de frutas, haverá também o tradicional leite de vaca e ovos de galinha com *bacon*. Quem você acha que estava comprometido com o seu café da manhã?

A galinha que colocou os ovos?

A vaca que forneceu o leite?

Ou o porco que forneceu o *bacon*?

A galinha e a vaca estavam envolvidas no seu café da manhã, mas o porco estava comprometido, ele deu a vida para que o *bacon* estivesse na sua mesa. Pense nisso.

Faça o melhor para atender o seu cliente. Dedique-se e, no final, será recompensado.

Atitudes positivas e gentilezas farão com que você conquiste o cliente e, sempre que for à sua loja, perguntará por você.

Deixe a sua marca. Marca de bom atendimento, de ser atencioso e agradável com os seus clientes, sempre cortês, disposto a sempre fazer mais do que é pago para fazer.

SUCESSO NAS VENDAS

Minha missão termina aqui. Você acaba de receber uma infinidade de técnicas, dicas importantíssimas para aumentar suas vendas e ter sucesso na vida profissional e pessoal. Essas dicas foram extraídas de mais de 20 anos de minha vida, dedicados a essa profissão. Cometi erros e muitos acertos. Aprendi o que funciona e o que não funciona. Agora você tem a oportunidade de começar ou recomeçar da forma correta. Tenho a certeza de que utilizará bem essas dicas e terá sucesso.

Gostaria de contar uma história muito inspiradora que ouvi há muitos anos e levo em minha vida como um ensinamento e inspiração, para colocar em prática tudo aquilo que aprendo em cursos e palestras e a cada livro que leio.

Em uma pequena vila da Grécia, havia um homem muito sábio. Tudo que era perguntado a ele era respondido com assertividade. Um dia dois jovens muito inteligentes decidiram ir até o local onde ele morava e realizar uma pergunta que o sábio não conseguisse responder. Em conversa, um jovem disse para o outro:

— Eu vou lá falar com o sábio. Vou colocar um pássaro pequeno nas minhas mãos e vou fechá-la. Vou perguntar ao sábio se o pássaro está vivo ou morto. Se ele responder que está morto, eu vou abrir a mão e deixá-lo voar. Agora se ele responder que está vivo, eu vou apertar e esmagar o pássaro e deixá-lo cair morto aos pés do sábio, então ele terá errado.

Assim o jovem fez. Ao encontrar o sábio no alto de uma colina, perguntou:

— Oh, grande Sábio, o pássaro que está em minhas mãos está vivo ou morto?

O sábio olhou nos olhos do jovem e disse:

— Meu jovem, o destino desse pássaro está em suas mãos.

De uma forma ou de outra, o sábio acertou. Como eu digo agora para você que leu este livro, o seu destino está em suas mãos. Você é quem vai decidir o que fazer com o conhecimento adquirido.

Só depende de você a partir de agora. Decida vender mais e venda. Mas se lembre: a hora de vender mais é agora.

Um grande abraço e até a próxima.

REFERÊNCIAS

BANDLER, Richard; GRINDER, John; ANDREAS, Steve, ed. *Frogs into Princes:* Neuro Linguistic Programming. Londres: Real People Press, 1979.

GRAY, Jhon. *Os homens são de Marte, as mulheres são de Vênus.* São Paulo: Rocco, 1995.

HILL, Napoleon. *Quem pensa enriquece* [versão brasileira]. São Paulo: Fundamento Educacional, 2009.

JUNQUEIRA, Luiz Augusto Costacurta. *Negociação:* tecnologia e comportamento. Rio de Janeiro: COP Editora, 1995.

MANAGEMENT Institute of Tecnology, EUA. *Revista Venda Mais.* Dez. 2001.